한국교육

이것부터 확 바꿉시다

박옥춘 · 조은순 지음

장서원
도서출판

한국교육 이것부터 확 바꿉시다

첫판1쇄 2007년 10월 27일

지은이 박옥춘 조은순

펴낸이 장석홍

펴낸곳 도서출판 장서원

140-160 서울 용산구 남영동 7-1(201호)

전화 703-5362 팩스 797-5362

등록 제 03-01213호

shjang1011@hanmail.net

정가 10,000원

파본된 책은 바꿔드립니다.

프롤로그

교육은 우리의 일상생활이다. 우리 아이들은 밥 먹듯이 매일매일 공부를 하고 잠자듯이 많은 시간을 학교에서 보낸다. 학교는 아이들에게 희망이고 미래여야 한다. 하지만 언제부터인가 학부모들이 학교보다 학원에 기대는 현실이 되었다. 우리나라가 선진국의 문턱에 있는 지금도 교육 이민을 꿈꾸고, 수재들 그리고 있는 집안의 자녀들은 당연히 미국으로 대학을 가는 일상이 되어 버렸다. 안타깝지만 교육에 관한 한 아직도 후진국이다.

2006년 가을 미국에서 만난 저자들은 자연스럽게 우리나라의 교육문제를 토론하다가 의기가 투합해 책을 엮어 보기로 하였다. 전 세계 그 어느 곳도 교육의 유토피아는 없지만 상대적으로 좀 더 낳은 곳은 있고, 아이들이 나날이 자라듯이 교육도 날로 발전해야 한다는 결론에 이르러 생각을 정리하고 책을 쓰기 시작했다. 먼저, 미국 교육과 한국 교육을 비교해 가면서 교육문제를 하나씩 들춰 보았다.

미국도 대도시 주변 고등학교는 졸업율이 반도 안 될 정도로 학교가 제 구실을 못하고 있다. 오죽하면 보다 못한 정부가 나서서 '낙오자 없는 교육정책'을 통해 학생을 책임지고 제대로 가르치라고 학교장을 다그치는 상황이 되었겠는가. 버지니아 공대의 총격사건이 충격적이기는 했지만, 사실 크고 작은 총기사건은 미국 학교에서 비일비재하게 일어난다. 심지어 초등학교에서도 총기사건이 일어나고, 고등학교에 유아 놀이방을 두고 미혼모들이 고등학교를 졸업할 수 있게 배려하는 이해 못할 상황이 벌어진다. 그럼에도 불구하고 우리는 당분간 미국 교육을 제대로 눈여겨보아야 한다. 왜냐하면 전 세계 인재들이 미국 대학으로 몰리고 있기 때문이다. 그 이유가 무엇인지 확실히 파헤쳐볼 필요가 있다. 그 길이 우리 교육이, 우리 아이들이 다니는 학교가 발전하는 지름길이다. 알토란같은 학생들이 미국 학교가 아닌 대한민국 학교에서 행복하게 꿈꾸는 모습이 보고 싶다.

우리는 이 책을 쓰면서 '과연 우리는 그동안 무엇을 했는가?' 하고 교육 전문가로서 많은 반성을 하였다. 교육부, 교육청 공무원 그리고 교수와 교사들만 책무성을 따질 것이 아니라 사회 구성원 모두가 교육에 대한 책임을 절실히 느껴야 한다. 비난에 앞서 참여가, 책임을 전가하기 전에 모두가 잘

못을 인정하는, 나와 내 아이만 생각하는 편협함을 넘어 교육에서는 모두가 승리하는 단단한 공동체 의식이 생겼으면 한다. 그래서 경제보다 교육이 먼저 선진국이 되었으면 정말 좋겠다. 그러면 젊은이들에게 빨리 결혼해서 아이들을 많이 많이 낳으라고 자신 있게 권할 수 있겠다.

교육은 사회 전체를 포함하기 때문에 이 책에서 저자들이 다룰 수 없는 교육문제는 너무나도 많았다. 그리고 우리가 써 내려간 생각과 상반된 의견이 무척 많을 것임을 알고 있다. 저자들이 제시한 방안은 나름대로 최선 혹은 차선이라고 생각한 대안들이다. 이 대안들이 현실에 전혀 반영되지 못하고 허공에서 날아가더라도 우리는 이렇게 의견을 제시하는 것이 우리의 할 일이라고 판단하였다. 앞으로도 시간이 허락하는 한 다른 각도에서 다른 의견을 제시하고자 한다.

교육이 없었다면 저자들도 오늘날 이 자리까지 오지 못했다. 학교가 우리에게 꿈이었고 희망이었듯이 우리 아이들도 교육에서만은 기회가 평등하게 부여되기를 바란다. 우리가 애써 이룩해 놓은 경제발전의 혜택이 우리 아이들에게 가장 많이 그리고 제일 먼저 돌아갔으면 좋겠다.

<차 례>

이 책을 쓰게 된 저자들의 생각

세계금융통화기구(IMF)가 2005년에 발표한 국가별 GDP 규모에 의하면 한국은 이미 세계 10대 경제대국의 반열에 들어섰다. 무역 규모도 비슷한 수준이다. 국민 일인당 연간 수입이나 질적 생활수준은 아직 선진국의 문턱을 지나지 못했지만, 지난 반세기 동안 이룩한 경제발전은 세계적 이목을 집중시킬 만큼 괄목할 만한 것이었다.

세계 명품의 시제품이 한국 고객들에게 먼저 선을 보이고, 현대와 기아차는 자동차의 종주국인 미국의 거리는 물론 고급 자동차의 원산지인 유럽 여러 나라 거리에서도 흔히 볼 수 있다. 미국의 주요 대도시 공항에 들어서면 가장 먼저 삼성과 LG의 휴대폰 광고가 눈에 번쩍 들어오고, 외국의 유명 백화점에 가면 가전제품 매장의 가장 앞자리를 우리나라에서 만든 HDTV, 냉장고 등이 자리 잡고 있다.

천연자원도 별 볼일 없는 좁은 나라에서 인간자원이 짧은 시간에 이루어낸 대단한 노력의 결과이다. 이 결과는 그동안 연구실에서 땀 흘린 과학자들과 엔지니어, 생산 공장에서 수고한 기술자 그리고 노동인력, 또한 우리의 자랑스러운 제품을 팔고자 세계시장을 누비며 뛰어다닌 우수한 마케터들 덕분이다. 우리보다 먼저 선진국 대열에 들어갈 번하였던 남미 국가들이 문턱에서 주저앉은 사례를 보면 우리의 피나는 노력과 맹모삼천지교와 같은 특유의 교육열이 빚어낸 정말 대단한 결실이기도 하다.

십여 년 전 삼성이 고민했던 '마누라 빼고 모두 바꾸자'라는 신경영의 캐치프레이즈는 이제 '10년 뒤 무얼 해 먹고살까'하는 새로운 고민으로 바뀌었다. 한국이 21세기 치열한 국제 경쟁 속에서 경제대국으로 계속 발전하고 성장하기 위해서는 우수한 고급 인력 확보가 최우선 조건이다. 세계시장에서 좌충우돌하면서 뛰어다닐 우수 인력은 기술과 창의력이 갖추어진 진짜 고급 인력이어야만 한다. 이런 인력의 확보는 두말할 것 없이 양질의 교육, 특히 대학교육이 책임져야 한다. 만약 우리 대학교육이 21세기에 필요한 우수 인력을 성공적으로 충분히 양성하지 못한다면 우리는 막강한 다른 나라들에게 우리의 밥그릇을 뺏기게 된다.

풍부한 천연자원과 쟁쟁한 우수 인력을 바탕으로 기술까지 합세해 세계 경제시장을 깊숙이 파고 들어오는 중국이나 인도 같은 나라들에게 글로벌 시장을 홀랑 내주고 우리는 뒤로 물러앉아 입맛만 다시게 될지도 모른다.

경제협력개발국가조직(OECD)이 3년에 한 번씩 실시하는 전 세계 초·중·고등학생 국제학력경시대회(PISA)와 국제 중·고등학생 수학 및 과학학력경시대회(TIMSS)의 결과를 보면 한국은 세계에서 가장 우수한 교육 강국 중 하나이다. 우리 학생들의 수학과 과학 실력은 세계적으로 뛰어나다. 그래서 여러 나라에서 한국 교육을 벤치마킹해야 한다는 얘기까지 들린다. 그러나 불행이도 한국 대학교육은 창피할 정도로 뒤떨어져 있다.

미국의 시사 주간지 뉴스위크지는 2006년 8월 13일 전 세계 상위 100개 글로벌 대학을 뽑아 명단을 발표했다. 뉴스위크가 세계 대학을 평가한 핵심 기준은 전 세계의 다양한 학생 및 교수들에게 대학의 문호를 개방하는지 여부와 교수진의 학문적 연구실적을 바탕으로 하였다. 세계 10대 경제대국인 한국의 대학들은 안타깝게도 100위 명단에 단 한 개도 포함되지 못했다.

2006년 중국 샹하이 지아통대학교 부설 고등교육연구소가 조사 발표한 결과에서도 한국 대학들은 비참할 정도였다. 한국 최고의 명문 서울대가 겨우 153위와 201위 사이에, 연세대는 201위와 302위 사이, KAIST, 포항공대, 그리고 성균관대가 302위와 403위 사이에, 한양대, 고려대, 경북대는 404위와 500위 안에 위치하는 정도였다(http://ed.sjtu.edu.cn/ranking.htm). 아시아 태평양지역 안으로 범위를 좁혀도 서울대는 20위와 24위 사이, 연세대는 25위와 40위 사이, 고려대는 41위와 63위 사이에 들어가는 정도에 그쳤다(http://ed.sjtu.edu.cn/rank/2006/ARWU2006_TopAsia.htm).

세계적인 한국 경제규모와 비교하면 우리 대학들의 평가 결과는 화가 날 지경이다. 한국 대학교육의 수치이고 미래 한국 국가경쟁력의 위기가 아닐 수 없다. 이 충격적인 사실에 한국 언론은 대학들을 비판하느라 연일 시끄럽게 난리가 났었고, 대한민국 국민들은 아이들을 이 땅에서 대학에 보내야 할지 말지를 고민하느라 지금도 바쁘다.

지난 역사를 통해 똑똑한 인재를 가문의 자랑으로 여기는 우리나라에서 대학은 바로 이 가문의 영광들이 모이는 최고봉이었고, 아무나 넘보지 못하는 상아탑이었다. 그런데 세계 시장에 내놓고 보니 그동안 우리 경제를 먹여 살린 기술력과 수출이 과연 어떻게 가능했었는지 혀를 차면서 의심하지 않을 수 없다. 정말 우리 아이들이 대한민국에서 대학을 나와 21세기를 제대로 살아갈 수 있을지 강한 의문이 생기기 시작한다.

물론 이러한 평가 결과에 대해서 조사방법과 절차가 문제없는지 평가 기준이 공정한지 왈가왈부할 여지는 얼마든지 있다. 그럼에도 상하이 지아통대학교 고등연구소의 평가 기준은 대학의 학문적 질과 교육 역량을 객관적으로 잘 평가했다는 평판을 얻었고, 그래서 미국의 경제시사 주간지 "이코노미스트"도 그 결과를 직접 인용 발표하였다. 이 평가 기준은 다른 무엇보다 교수들의 연구 업적에 치중하였으며 이는 오직 우수한 교수 밑에서 우수한 인재들이 길러진다는 대학교육의 기본 원칙에 근거한 것이라 볼 수 있다.

한 국가의 경제, 기술, 정치. 사회, 문화, 교육을 포함한 전 분야가 그 나라 대학교육이 길러낸 인력에 의해서 좌우되기 때문에, 대학의 교육 역량은 나라 발전과 국제 경쟁력을 예측할 수 있는 가장 중요한 지표 중 하나이다. 특히 지금과 같은 글로벌 시대에는 국가 경쟁력이 곧 세계 순위이다. 우리나라처럼 자랑할 것이라곤 인간자원 밖에 없는 나라에서는 인력 수준과 능력이 세계 경제전쟁에서 이길 가능성을 예측하는 가장 중요한 지표이다. 따라서 한국 대학들이 세계 대학들과의 경쟁에서 왜 낮은 위치에 놓여 있는지 분명하게 짚고 넘어가야 한다.

한국이 당면하고 있는 무수한 교육문제도 대학교육, 특히 대학입시제도와 직결되어 있다. 자녀 교육을 위해 한국 사람들이 겪는 기러기 가족의 슬픈 현실은 이미 세계적인 이야기꺼리가 되었고, 한국의 걷잡을 수 없는 사교육 실태는 가정경제적인 면에서 향후의 노인문제와 복지문제로 연결될 정도로 심각한 상태에 봉착하였다.

초·중등 교육을 사교육 시장에 의존하는 우리나라의 공교육은 이미 무너졌다고 생각하는 사람들이 대부분이다. 또 사회는 아직까지 실력보다 대학 간판을 중시하는 엘리티시즘에 빠져있으며, 가정에서는 대학만 잘 가면 모든 것이 용서되는 왜곡된 교육 의식으로 넘쳐나고 있다. 아무리 우리나라의 초·중등학생들이 세계적으로 우수해도, 대학이 진정으로 세계 경쟁력을 갖추지 못하면 나라 수준은 영원히 2류·3류에 머물 수밖에 없다.

대학교육 수준이 떨어지면 우리나라 인력 수준이 떨어진다. 그렇게 되면 너도나도 교육 선진국으로의 대탈출을 전혀 막을 길이 없게 될 것이다. 이제는 우리 모두가 지금의 교육 현실을 날카롭게 직시하고 특단의 대책을 세워야 할 기로에 서 있다. 교육에 관한 한 누가 누구를 원망하고 책임을 전가하기에 우리 모두는 이미 오래 전에 공범이 되어 버렸다. 바로 지금 이 시점이 모두가 나서서 우리나라의 교육을 제자리에 올려놓아야 할 때이다. 망설일 시간이 도저히 없다.

I. 구멍 뚫린 우리의 교육체제

글로벌 인력양성의 현주소
너도 나도 유학 엑소더스
삐딱한 학력·학벌주의
·업그레이드가 필요한 교육문화
모두가 원하는 '사'자 붙은 직업
한번 대학교수는 영원한 대학교수
대학 선택 및 전공의 폐쇄성
며느리도 모르는 대학 인사
대학입시제도가 주는 파장
부자와 빈자의 구별이 없어야 하는 대학교육
공교육을 하찮게 만드는 교육과정
내 자식은 남달라야 한다는 뒤쳐진 의식

글로벌 인력양성의 현주소

2005년 초 대통령의 신년 기자회견에서는 "대학을 나와도 기업에서 채용하려면 다시 훈련을 시켜야 한다."는 재계 인사들의 근심이 화두가 되었다. 특히 세계시장에서 맹활약 할 수 있는 글로벌 인력은 국내 채용이 더욱 어렵다는 것이 기업 인사 담당자들의 하소연이었다. 우리는 대기업들이 왜 기를 쓰고 해외를 떠돌며 현지에서 교육받은 우수 인력을 채용하는지 주목해야 한다.

교육에 엄청난 비용을 쓰고도 글로벌 인력 양성에 실패하고 있는 원인은 어디 있을까? 유능한 글로벌 인력을 양성하기 위해서는 먼저 교육환경이 글로벌화 되어야 한다. 많은 기업들이 글로벌 인재를 원한다. 비록 그 기업이 내수 위주로 수출과 큰 관련이 없어도 인력을 채용할 때 글로벌 능력을 내세운다. 영어로 면접을 보고 영어로 의사소통이 가능한

지 꼭 물어본다. 하지만 국내에서만 교육을 받은 사람 중에서 일상생활 전체를 유창한 영어로 구사할 수 있는 사람은 아주 드물다.

그러면 우리가 말하는 글로벌 인재란 과연 어떤 능력을 소유한 사람을 의미하는 것일까? 글로벌 인력이 되기 위해서는 먼저 세계에서 가장 많이 활용되는 언어와 공용되는 문화에 익숙해야 한다. 미국 캘리포니아대학 사회학 교수인 Michael Mann 교수는 글로벌화란 이 지구 위의 누구와도 사회적인 활동이 가능함을 의미한다고 설명한다. 다시 말하면 글로벌 시대에는 인종이나 국적에 관계없이 관심 있는 사람들끼리 공통된 문화를 공유하면서 공통의 언어로 의사소통이 가능해야 한다는 것인데, 현재 전 세계에서 가장 많이 사용하는 언어는 영어이다.

최근 뉴스위크지는 향후 10년 동안 전 세계의 20억 명에 달하는 사람들이 새로 영어를 배워서 그 결과로 전체 30억 명이 영어를 사용할 것이라고 발표했다. 요즘 같은 추세라면 영어는 모든 산업과 기술의 1차 언어가 될 것이라고 보도하고 있다. 영어를 모국어나 공영어로 사용하는 인구는 전 세계 65억 명 중 7억 5천 명이며 76개국에 해당한다. 인터넷에서 영어를 사용하는 비중은 전체 34.7%에 달하고 해마다 증가되는 추세이다.

우리나라는 초등학교부터 영어 학습을 시작하지만 대학을 졸업해도 여전히 영어로 의사소통하는 것은 큰 장벽이다. 우리와 같은 우랄알타이어족 언어체계를 가지면서도 영어를 일상생활에서 편안하게 구사하는 핀란드는 영어에 대해 분명 우리와 다른 자세를 보인다. 우리나라는 온 국민이 열성적으로 비용과 시간을 투자해 영어를 배우면서도 정작 일상생활에 전혀 활용하지 못한다.

학교에서도 영어를 유창하게 구사하는 학생은 따돌림을 당한다. 사회에서도 마찬가지이다. 잘난 척을 무척 싫어하는 우리의 국민성이 만들어 낸 결과이다. 바로 우리 문화의 이중성이 아닐 수 없다. 그리고 엄청난 비용 낭비이다. 일상생활에서 영어를 자연스럽게 사용한다면 전 국민이 영어 사교육을 위해 10조원 가까이 지불하는 비용을 반으로 팍 줄일 수 있을 것이다. 또한 조기 유학을 떠나는 많은 인력을 국내에 잡아 두었다가 꼭 필요한 때에 떠나게 할 수도 있다.

비효율적이고 비실용적인 영어교육과 영어권 문화에 대한 비판적인 의식에도 불구하고 사람들의 생활 속에 영어권 문화가 흡수되고 있는 속도와 깊이는 가히 놀랄 만하다. 그런데 문제는 영어권 문화를 우리식으로 편하게 해석하고 필요할 때 활용하지 못한다는 것이다. 우리나라 기업의 인사교육 담당자들 수백 명이 참석하는 미국 학회에서 미국 기업의 인사담당 임원이 질문을 한 적이 있다. 한국 사람들은 학회 중 열리는 모임이나 만찬에서도 다른 나라 사람들과 섞이지 않고 한국 사람들끼리 앉아서 한국말만 쓰고 있는 것이 이해가 잘 안 된다는 것이다.

세계에 나가 이런 모습을 보면 '우리나라가 글로벌화 되었다고 생각할 외국인이 과연 있을까?' 강한 의문이 남는다. 그들은 바로 기업에서 고급 인력을 양성하는 담당자들이 아닌가 말이다. 영어를 배우려고 매달리면서도 영어 사용과 문화를 온몸으로 막아내는 것을 보는 것은 글로벌 인력 양성을 외치면서도 폐쇄적인 교육시장을 고수하는 정부와 대학들을 보는 것과 비슷하다. 또 국내 취업 사정을 감안해 기업들이 울며 겨자 먹기로 대졸 채용 인력을 늘리면서 한편으로는 인사 담당자들이 알짜배기 우수 인력을 채용하려고 외국으로 달려가는 코미디 같은 현실을 보는 것과도 마찬가지이다.

글로벌 인재의 또 다른 조건에는 논리적인 사고와 대화능력이 있다. 맥킨지와 같이 유명한 국제컨설팅 업체들의 가장 큰 강점은 직원들의 강한 논리적인 사고력과 문제 해결능력이다. 비즈니스 기획서를 작성할 때 누구든지 호응할 수 있는 논리적인 흐름은 기본이다. 변호사들이 말을 잘 한다고 생각하는 것은 사물을 체계적으로 분석하고 논리 정연하게 이론을 전개할 수 있는 능력(legal mind)에 대한 훈련 때문이라고 한다.

다른 사람을 설득할 때 논리적으로 무장된 사람과 그렇지 않은 사람 사이에는 많은 차이를 보인다. 대부분의 사람들은 누군가의 미끄러질 듯한 논리적인 설득에 꼴깍 넘어가게 된다. 논리적으로 사고하면 대화도 논리적으로 이끌 수 있다. 우리나라 사람들이 설득력에서 밀리는 이유는 다른 사람을 논리적으로 설득하는데 약하기 때문이다. 이것은 우리가 어릴 때부터 자연스럽게 연습해야 하는 기본 사항임에도 불구하고 기회가 없었다.

학교에서는 선생님의 말씀을 잘 듣고 시키는 대로 하는데 익숙해져 있고, 집안에서는 아이들이 왕 대접을 받기 때문에 부모를 굳이 설득시킬 이유가 없다. 대학에서도 논리 정연한 토론은 필요가 없다. 졸업하는데 아무도 요구하지 않기 때문이다. 그런데 취업이 되었다고 하루아침에 논리적인 대화가 술술 풀어질 수는 없는 노릇이다.

국내 대기업의 인사 담당 임원은 우수한 글로벌 인력들은 대부분 분석력과 창의력에서 출중함을 보인다고 한다. 즉, 세계시장에 나가서 물건을 팔 때 무엇을 어떻게 팔아야 하는지가 중요한데, 우수한 글로벌 인력들은 이 핵심을 잘 파악하고 있다고 한다. 논리적인 사고가 준 것이다. 그 결과로 분석력과 더불어 창의적인 사고를 길러준다 .

또 다른 글로벌 인재의 주요 자질은 자신의 전공 분야에 대한 전문적 실력이다. 이것은 끝없는 탐구심이 필요하며 끈기 있게 자신의 분야를 연구하는 마음 자세에서 비롯된다. 인터넷으로 하나 되는 세상에는 하루하루 최신 정보가 업데이트 된다. 한 유명 경제학자의 분석에 따르면 어떤 분야에서 전문가가 되려면 하루 4시간, 일주일에 5일을 투자하여 20시간을 자신의 전공 분야에 쏟아 붓는 일을 5년간 한다면 전문가의 반열에 오를 수 있다고 한다. 즉, 4시간 x 5일 = 20시간, 20시간 x 53주 = 1060시간, 1060시간 x 5 년 = 5300시간이라는 계산이 나온다.

대학을 졸업하고 취업을 하면서 자신의 전공 분야가 무엇인지를 잊어버리고 살게 된다는 것은 글로벌 시대에 뒤떨어지는 가장 빠른 방법이다. 대학에서의 전공 분야가 자신이 원한 것이 아니라 고등학교 성적으로 정해졌다 하더라도, 또 직장에서 맡게 된 업무가 대학의 전공과 일치하지 않는다고 하더라도 신속하게 자신에게 알맞은 분야를 찾아 전문성을 개발해야 한다.

성인이 되어 자신이 무엇을 좋아하고 무엇에 열성을 쏟고 싶은지 모른다는 것은 인생의 목표가 없는 것이나 마찬가지이다. 아직도 조직에서 업무 후의 시간과 공간을 다른 조직원들과 공유하면서 자신을 희생해야지 직장에 오래 붙어 있을 수 있다는 생각은 구시대적인 사고이다. 평생직장이라는 개념은 이제 없어졌고, 평생직업도 이미 사라졌다.

유명한 미래학자인 피터 드러커는 향후에 사람들은 적어도 2~3개 이상의 직업을 가지게 되며 전공 분야도 2개 정도를 가지게 된다고 예측한다. 나이가 50세가 되어도 내세울 만한 전문 분야가 있는지 자신에게 물어볼 필요가 있다. 우수 인력에게 전문성은 생명과도 같은 기본 조건이다.

우리나라 기업이 대학을 졸업한 인력을 채용한 시점에서부터 글로벌 인력을 양성하기 시작한다는 것은 시간과 비용 면에서 엄청난 손실을 감수하는 처량한 현실이다. 특히 남자의 경우, 병역을 마치고 20대 후반에 기업에 취업한다고 가정할 경우 기업에서 업무에 적극적으로 활동할 수 있는 수준이 되려면 벌써 30대 중반이 넘어가는 나이가 된다. 삼팔선(38세에도 정년퇴직할 수 있다)과 사오정(45세이면 대부분 정년퇴직 한다)이라는 애기가 나돌아 다니는 상황에서 글로벌 시장에서 적극적으로 자신의 젊음을 바쳐 달려드는 인력을 찾기는 힘들다.

너도나도 공무원 시험과 신이 내린 편하고 안정된 직장을 찾아나서는 마당에 누가 잘릴 각오를 하고 세계시장에 나가 뛰어다니겠는가 말이다. 결국 좀 더 이른 나이에 제대로 된 글로벌 인력을 길러야 한다는 의미이고, 이것은 고등학교에서부터 시작하여 대학에서는 지금보다 아주 심각하게 글로벌 시장에서 쓸만한 인력을 양성해야 한다는 결론이다.

외국의 우수한 대학을 졸업한 인력이 20대 이른 나이에 높은 연봉으로 채용되어 바로 현장에 투입되는 것에 비해 국내 대학을 졸업한 인력은 상당 기간 다시 재교육을 받아야 한다. 어느 누가 보아도 시간과 인력, 비용의 낭비가 아닐 수 없다. 국가적 큰 손실이다.

너도 나도 유학 엑소더스

서울시는 2005년 한 해 동안 유학을 떠난 초·중·고등학교 조기 유학생 수를 사상 최고치인 7000여명으로 추산했다. 이는 전교 학생이 1000명인 초·중등학교 7개에 해당하는 학생 수이다. 한 해에 학교 7개에 해당하는 전체 학생이 외국으로 유학을 떠나버린 것이다. 유학을 떠나는 학생들은 하나같이 영어를 사용하는 곳으로 간다. 영어가 어린 학생들의 앞날을 보장해 준다고 생각하기 때문일 것이다. 미국, 캐나다로 유학을 온 학생들은 '단지 영어 때문만이 아니라 학교가 재미있다.'는 말을 한다. 그러면 상대적으로 한국의 학교는 왜 재미가 없을까?

한국에서 중학교를 다니다가 미국 버지니아의 패어팩스 지역으로 부모를 따라서 학교를 옮기게 된 어느 학생은 다음과 같이 간단하게 차이점을 지적한다. '한국의 중학교는 자리에 가만히 앉아서 눈으로만 공부를 하니까 하루 종일 졸음이 쏟아지는데, 미국에서는 온몸으로 부지런히 움직이면서 공부를 하기 때문에 졸고 있을 시간이 없다'는 것이다.

나이가 어린 학생들은 성인처럼 인내심을 가지고 같은 자세로 오랫동안 공부한다는 것이 참으로 어려운 일이다. 성인들도 힘들다. 우리나라의 어린 학생들이 영어를 사용하는 곳으로 너도나도 떠나는 것이 단지 영어 때문만이 아니라 대학입시를 위해서 낮에는 학교에서 저녁에는 학원에서 힘겨운 하루하루를 보내야 한다는 심적 부담감이 근본 원인임을 알아야 한다.

고등학생 아이를 둔 어느 부모의 하소연은 듣기에도 애처로운 우리의 교육현실을 그대로 보여준다. "초등학교 3학년부터 이 학원 저 학원 밤늦게까지 돌아다니느라 고생하는 아이들이 너무 불쌍합니다. 고등학교에서는 매일 밤 10시까지 야자(야간 자율학습)를 하고 또 학원에 갔다 집에 오면 새벽 1시이고 그 다음에 정리하고, 숙제하고 잠깐 잠들었다가 아침 6시 30분에 기상해서 아침도 못 먹고 학교로 다시 갑니다.

학교 수업시간에 밀린 잠을 자고 수업 끝나면 다시 학원에 가고, 토요일 밤에 잠깐 시간 나면 친구들 만나서 노래방에서 고래고래 소리 지른 답니다. 이것밖에 스트레스를 해소할 방법이 달리 없다네요. 이게 오늘 대한민국 고1학생들의 현실입니다. 이런 현실에서 어느 부모가 경제 사정만 허락한다면 외국학교로 아이를 보내보고 싶지 않을까요? 기업들도 어차피 해외에 나가서 우수인력을 채용한다는데 말입니다."

한 조사에서 우리나라 학부모들이 조기 유학을 보내는 이유는 외국어 습득(30%), 극심한 대입제도에서 해방(30%), 과다한 사교육비(11.5%), 외국의 학력을 더 인정하는 풍토(11.2%), 국제적 안목의 인재 육성(10.4%) 때문이라고 밝혔다. 결국 우리나라 학부모들은 외국어 습득과 과도한 대입 준비 때문에 영어권 학교로의 대 탈출을 꿈꾸고 있는 것이다.

우리나라는 경제협력개발기구(OECD) 국가들 중에 가장 큰 교육 수지적자를 겪고 있는 나라이다. 반면 교육 부문에서 미국은 103억 달러의 흑자를, 호주는 22억 달러의 흑자를 기록하고 있다. 교육 수지란 우리나라에 온 외국 유학생이 쓴 돈에서 우리나라 유학생이 해외에서 교육비용으로 쓴 돈을 뺀 것을 말한다. 한국의 교육서비스 수지적자 규모는 해마다 증가 추세이고 2005년의 교육 수지적자 규모는 34억 달러(약 3조 1500억 원)에 달해 우리나라 전체가 벌어들인 흑자액(165억 달러)의 20%를 해외에 있는 학교들에 고스란히 쏟아 붓는 결과가 되었다. 이런 결과는 우리나라가 아직 국제적인 교육경쟁력이 전혀 없다는 의미이다.

더 많은 학생들이 해외로 빠져 나가 교실을 텅텅 비우고 학교가 문을 닫기 전에 시장경제 원리를 곰곰이 생각해 보아야 한다. 국내 영어 사교육 시장만 연간 10조원에 이르는 현

상황을 반드시 점검해 보아야 한다. 이 돈들이 단순하게 영어로 말하고 듣고 쓰기만을 위해 소비되어진다는 것은 너무 허무하다. 그나마 영어로 제대로 의사소통이라도 되면 얼마나 좋겠는가?

미국에 조기 유학을 온 학생들은 한국에서 지겹게 영어 학원을 다니면서 준비하고 또 준비하여 미국에 왔어도, 미국에서 다시 학원을 다니면서 영어를 공부한다. 미국까지 사교육을 끌고 온 것이다. 한국 학생들이 미국 학교수업을 영어로 알아듣기 위해서는 6개월에서 1년 정도의 시간이 걸린다. 반면 다른 나라에서 온 학생들은 바로 수업에 참여할 수 있다. 이 차이는 바로 아이들이 얼마나 우수한 영어교육을 받았는가, 그리고 배운 영어를 평소에 가정과 사회생활 속에서 얼마나 사용해 왔는가를 의미하는 것이다.

마치 우리가 고유의 우리 한복을 사랑한다고 하면서 결혼식과 명절 때만 비싼 한복을 맞추어 입고는 고이 모셔 장롱 속에 보관하는 것과 다름없다. 우리는 영어를 학교와 학원에서만 배우고 일상생활에서는 영어를 무시하듯 제쳐두었다. 문화와 언어는 자주 사용할수록 빛을 발하게 된다. 일상생활에서 영어를 자연스럽게 사용하는 것이 영어 사교육에 대한 비용과 영어권 학교로의 탈출을 최소화 하는 방법임을 깨달아야 한다.

또한 최근에 유학이나 이민을 온 한국 학생들이 미국 학교에서 경험하는 가장 큰 충격은 자신들의 성격이 과격하고 참을성이 없다는 사실이다. 많은 미국 교사들이 한국 출신 학생들이 공격적이라고 판단한다. 왜 그럴까? 한국은 학교생활 자체가 즐겁지 않고 힘들고 괴로울 뿐이다. 학교는 피할 수 없어서 가는 곳이다.

학생들 머릿속에 정서적인 여유가 없는데 부드러운 행동이 나올리 없다. 다행이도 대부분의 한국 학생들은 미국 학교에 오면 조만간 동화가 되어 스스로 학교생활을 편안하게 생각한다. 그래서 한국으로 돌아가고 싶어 하지 않는다. 억지로 볶이는 생활이 싫은 것은 어른이나 아이들이나 마찬가지이다. 한국의 부모들이 내 아이만은 이렇게 빡빡한 학교생활에서 벗어나게 해 주고 싶은 생각을 하는 것은 당연한 것이다. 미국과 캐나다 이민자들의 대부분이 자식교육 때문에 이민 온 이유가 바로 여기에 있다.

삐딱한 학력·학벌주의

한국의 모든 학생들은 서울대에 입학하는 꿈을 한 번씩 꾸어 본다. 예나 지금이나 서울대에 입학하면 가문의 영광이고 집안 경사중의 경사이다. 아직까지 서울대 출신들이 사법고시를 비롯한 각종 고시와 공무원 시험에 합격률이 높고, 정부 및 기업 등에서도 비교적 많이 중요한 직책을 맡고 있는 것이 사실이다. 하지만 서울대 출신들의 성공적인 진출이 서울대 교육의 결과인지 아니면 서울대 학생들의 개인적 우수성 및 능력으로 인한 것인지는 아무도 모른다.

미국에서도 많은 사람들이 명문대 교육이 졸업생들 성공에 중요한 영향을 미치는 것으로 믿고 있지만, 연구 결과에 의하면 명문대 출신들의 높은 성공률은 대학교육의 혜택이기 보다는 학생들 개인적 노력과 능력의 덕택이라는 것이 밝혀졌다. 명문대에 진학한 학생들과 비교해 대학수능(SAT) 점수와 고등학교 평균성적이 비슷하나 지방주립대학이나 기타 대학에 진학한 학생들이 졸업 후 진로 및 수입 등 성공지수를 비교해 보았을 때 큰 차이가 없음이 밝혀졌기 때문이다.

미국의 대학들, 특히 명문대학들은 막대한 재정자원을 확보하고 대학의 특성에 맞는 교육을 위해 많은 노력을 한다. 그럼에도 불구하고 이들 명문대학들이 다른 대학들 보다 교육의 질이 우수하다는 뚜렷한 과학적인 증거는 없다. 그래서 미국에서는 출신대학의 이름보다 대학에서 받은 성적이 취업이나 대학원을 진학하는데 더 중요하게 고려된다. 이런 연구결과를 고려할 때 한국 대학들도 교육의 질이 학교에 따라 크게 차이가 없을 수 있다는 생각에 미친다. 다시 말하면 서울대 명성은 학생들의 노력과 능력에 의한 것이지 그들이 대학으로부터 받은 교육의 질에서 온 것이 아닐 가능성이 아주 높다는 것이다.

성공한 직장인들이 대학교육이 자신의 성공에 큰 영향을 미쳤다고 생각하는 비율이 극히 낮은 조사결과를 보더라도 사회에서 성공한 사람들이 명문대를 졸업하지 않고 다른 대학을 졸업했더라도 아마 그들의 성취도에는 큰 차이가 없었을 것이다. 또 같은 과목을 가르치는 수도권대학과 지방대학의 강의 내용과 방법이 큰 차이가 없을 것이라는 것은 여러 대학에서 동시에 강의를 하는 강사들의 말을 들어 보아도 일치하는 내용이다.

그럼에도 우리 사회는 아직까지 학벌에 대한 관심이 지나

칠 정도이다. 한 사설 정보업체가 '학벌을 바꾸는 것이 필요한가'에 대한 설문을 실시한 결과 65%가 넘는 대학생과 직장인이 찬성했다. 이들 대학생들 중 32%가 취업에 필요하다면 학벌 세탁을 하겠다고 했으며, 직장인의 대다수는 대학원 진학이 필요하다고 하였다. 이러한 결과는 우리 사회가 얼마나 학벌을 중시하는지 여실히 보여 주는 결과이다.

이 학벌주의를 타파하기 위해 청와대가 나서고 교육부가 앞장서는 정도이면 상황이 상당히 심각한 정도이다. 또한 가짜 학위 사건이 나라를 발칵 뒤집고, 그제서야 학위 검증을 정부 차원에서 실시할 정도라면 학벌주의에 대한 우리의 의식이 어떤지 코웃음이 나올 지경이다. 얼마 전 국내 월간지가 억대 연봉자 중 명문고와 명문대 출신들이 어느 정도인지 설문조사 하였다. 응답자 중 명문고 출신은 29.4%, 명문대 출신은 53.5% 정도인데, 재미있는 것은 명문고를 나오는 것이 고소득을 올리는 데 큰 도움이 된다고 답한 사람은 15.9%, 명문대 출신이라는 것이 고소득을 올리는 데 큰 도움이 된다는 사람 역시 30.0%에 불과했다. 70%의 나머지 억대 연봉자들은 명문학교 출신이 자신의 연봉에 큰 영향을 미치지 못했음을 시인했다. 이들이 고소득을 올리는 데 필요하다고 판단한 항목은 능력과 성실성이었고 다른 무엇보다 80%이상이 개인의 능력 때문에 고소득이 가능했다고 판단

했다. 명문학교를 나온다고 능력이 보장되는 것이 아니라는 해석이 가능하다.

국내 대기업의 인사팀 관계자는 현재 국내 기업들 중 입사과정에서 능력이 뛰어난 비명문대 출신이 불이익을 받는 경우는 전혀 없다고 장담했다. 출신대학만 보고 채용하던 시대는 이미 가버렸다. 기업에 취업하고자 하는 대졸자들은 대학에 입학했을 때를 기억할 것이 아니라, 대학 이후 자신이 무엇을 할 수 있도록 노력했는지 잘 생각해 보아야 한다. 한 이름난 대기업은 신입사원 채용 후 재교육 비용으로 800억 원 가까이 지출하고 있다. 그래서 다른 기업들은 이 기업 경력자들을 우대한다고 한다. 자사의 재교육 비용을 줄이고 그 비용을 스카우트할 사람의 연봉에 더 해 주면서 데려오는 것이다.

그렇다면 우리는 왜 학벌에 그리 신경을 쓰는 것일까? 대학에 다니건 직장에 다니건 사회생활을 하면서 사람들은 그 사회의 주류에 들어가기를 간절히 원한다. 그리고 좋은 학벌은 주류에 진입하는 데 많은 도움을 준다고 생각한다. 사실 그랬다. 얼만 전까지만 해도 사람들이 출신학교에 따라 모였다. 그 사람 자체의 인간성과 성격 등은 뒷전이었다. 그런데 이제 세상이 바뀌었다. 국내 명문대학 출신이건 외국의 명문대학 출신이건 대학을 졸업한 후 사회생활을 20년 정도 한

다음에 보면 학벌과 학력이 그다지 중요한 역할을 하지 못했다는 것을 깨닫게 한다.

사회적으로 성공했다고 인정받는 주변의 사람들을 보면 출신 학력으로 사람을 모으고 그에 편승해 따라 다니지 않음을 알 수 있다. 그리고 그 사람들 스스로 자녀교육에 대해서는 출신학교보다 자신이 미쳐서 좋아하는 분야를 전공하고 평생 일하라고 조언한다. 하지만 우리 주변의 대다수 가정들은 아이들이 가야 할 학교가 마치 열 손가락 안에서만 결정되어야 한다고 생각한다. 자신의 학력이 부족하면 그것 때문에, 또한 자신의 학력이 뛰어나면 집안의 자존심을 생각해서 더욱더 아이들에게 학력에 대한 부담을 전달한다. 출신학교는 성공적인 사회생활을 위한 한 개의 계단일 뿐이다. 가짜 학위증이라도 등에 붙여야한다는 생각은 갖다버려야 한다. 기성세대가 우스워 보이는 이유이다.

초등학교 고학년 아이들이 중학생이 되면 특목고와 대학입시에 바짝 신경을 쓰게 된다. 집에서 부모로부터 듣는 이야기와 학교, 학원에서 아이들끼리 하는 이야기도 고등학교와 대학입시에 대한 대화이고 어느 대학에 어느 전공을 해야 밥 먹고살기 편하다는 이야기들이다. 학원도 명문이 생겨서 이름난 학원들 옆 동네는 집값도 천정부지로 치솟는다. 유명한 학원 강사는 한번 만나 보기도 어렵다. 그들의 연봉은 대기업 CEO를 넘어선다. 대학생 중에는 아예 유명 학원 강사를 목표로 공부하는 학생들도 있다. 이름난 유치원은 대기자 명단만으로도 1년을 더 기다려야 하고 명문 사립초등학교는 입학 추첨이 아파트 분양 당첨보다도 어렵다. 내가 내 돈 내고 아이들 학원과 학교를 골라 다니고 싶다는데 말릴 수는 없는 노릇이다. 그런데 이렇게 투자하는 시간과 비용이 과연 좋은 투자 결과로 돌아와 줄 것인지에 대해서는 정말로 의구심이 든다.

아이들을 위한 영어, 수학과목의 학원 선택에서도 학원 강사의 출신학교를 먼저 물어보고, 피아노와 바이올린의 악기 교습에서도 선생님의 경력보다 학력이 우선이다. 아이들 엄마 모임도 은근하게 자신들의 출신학교 별로 모인다. 정보도 끼리끼리 공유한다. 오히려 직장에 다니는 맞벌이 주부보다 전업 주부들이 더욱 학벌에 신경을 써서 모인다. 그 틈에서 아이들은 알게 모르게 학벌에 대한 선입견을 갖게 되고 스스로 좋은 학벌을 가져야 한다는 강박관념에 사로잡히게 된다. 중학교를 거쳐 고등학교에 가면 심리적인 압박감으로 다가오고 급기야는 자살을 생각하는 극도의 상황으로 가버리는 경우도 발생한다. 우리가 살려고 학교를 다니지 죽으려고 학교를 다니고 교육을 받는 것은 아닐 텐데도 말이다.

결국 사회 전체에 퍼져 있는 학벌 중심 문화는 실익보다

허상을 쫓는 결과를 가져온다. 이렇게 퍼진 학벌 중심 사회에서 성장한 학생들이 성인이 되어 직장을 다니면서 세계무대에 나가면 과연 어떤 행동을 하게 될까? 어느 나라의 누구를 어디서 만나든지 서슴없이 나가서 활발하게 대화를 하고 네트워킹을 잘 할 수 있을 것이라고 상상이 되는가? 다양한 배경 속의 사람들에게 골고루 겸손하면서도 자신감 있게 행동할 수 있을까 의심하지 않을 수 없다. 세계 우수대학 100위 안에 들어가는 대학이 하나도 없는 나라 속에서 학벌주의 풍토 때문에 생긴 우물 속의 개구리 같은 자만심과 교만은 국제무대에서 세계 명문대학 출신들과 부딪칠 때 열등의식과 비열한 겸손으로 바뀔 것이 아닌가?

온실에서 예쁘게 큰 꽃보다는 들판에서 자란 들꽃이 오히려 글로벌 환경에 더욱 적절하고 강하다는 사실을 깨달아야 한다. 다시 말하면 오늘날 우리가 은연중에 강조하는 학벌주의 학력주의는 실력이 중시되는 글로벌시대 경쟁 속에서는 바람직하지 못한 풍조이기 때문에 하루속히 바뀌어야 한다는 얘기다. 긴 인생을 살아가면서 끊어지지 않고 좌절하지 않도록 다양한 환경에서 자신을 꾸준하게 개발할 수 있는 자신감을 넣어 주는 것이 학력을 강조하는 것보다 훨씬 더 중요하다.

업그레이드가 필요한 교육문화

우리나라의 교육문화는 사람들이 갖는 일체감에서 과연 세계적이다. 대학 수학능력시험을 보는 날 수험생들을 위해 전국의 아침 출근시간을 미루고 언어능력 듣기 시험 때문에 비행기 이·착륙시간을 조정할 정도이다. 이렇게 나라 전체가 학생들을 배려하는 우리나라 청소년들의 자살율은 OECD 국가 중 2위이며, 자살은 교통사고 다음으로 청소년 사망 원인 2위이다. 2006년 전국교직원노동조합 참교육연구소가 전국의 고등학생 3천명을 대상으로 의식조사를 한 결과 20%가 입시 스트레스로 자살 충동을 느꼈으며, 45.6%가 학교를 그만두고 싶고, 32%는 우울증이나 정신적 어려움을 겪었다고 한다. 이런 이율배반적인 교육문화 속에서 학생들이 괴롭게 참아 가면서 하루하루를 보낸다는 것은 우리나라의 밝은 미래를 위해서도 커다란 문제가 아닐 수 없다.

영국의 파이낸셜 타임스는 2006년 '한국의 지식계층, 육체

노동 직면'(South Korea's educated class faces manual labor)이라는 기사를 통해 한국의 지나친 교육열과 정부의 잘못된 교육정책이 청년실업과 고학력자들의 노동 수준을 하락시킨다고 꼬집었다. 이 신문이 지적한 '한국의 수백만에 이르는 대학 졸업생이 자신에게 어울리는 일자리를 찾지 못해 단순 노무직으로 전락하고 있다.'는 보도는 우리의 현실을 있는 그대로 잘 파악한 것이다. 이미 대졸자들의 구직 경쟁은 사회의 구조적 문제가 되었으며 우리나라의 뛰어난 교육열이 원인 제공을 한 셈이 되었다. 한국교육개발원 자료에 따르면 한국의 대학진학률은 2005년 82.1%로 88%인 핀란드에 이어 세계 2위를 차지하고 있다. 반면 앞으로 10년간 고용시장에서 소화할 수 없는 대학 졸업자 수는 35만4000명, 석사학위 소지자는 19만4000명에 이를 것으로 한국직업능력개발원은 추정하고 있다. 만연한 학력주의와 심각한 교육열 그리고 교육비용 낭비의 결과 치고는 너무 참담하다.

과열된 우리의 교육열은 사실 지난 수십 년간 우리나라의 국력을 키워 온 원동력이기도 하다. 그럼에도 교육열은 지나친 사교육과 일치하는 개념으로, 공교육은 항상 뭔가 부족하고 믿지 못할 대상으로 인식되어 왔다. 그럼 과연 교육열은 무엇일까? 인간이 교육을 통해 무엇인가를 성취하고자 하는 높은 욕구가 있을 때 이를 교육열이라 할 수 있다. 그렇다면 사람들은 교육을 통해 무엇을 그렇게 얻고 싶을까? 아마 자신의 신분상승과 사회적 대우, 안락한 삶일 것이다. 이것들은 가지고 태어나지 않는 한 쉽고 편하게 얻을 수 있는 것들이 아니기 때문에 그나마 교육을 통해 가능하다고 믿는다.

대한민국의 모든 부모들이 자식에 대한 희망 사항 중 하나가 교육을 통한 신분보장이다. 그러다 보니 옆집 아이의 성적이나 뒷집 아이의 학원 선택에 신경이 곤두서게 마련이다. 앞뒷집과 우리 집은 평등하다. 이렇게 사회평등의식을 갖고 살다보니, 교육은 개인 행복의 추구를 위한 것이 아니라 가문을 위해서 모두가 평행선에서 시작하는 목표 달성하기 단체게임을 하고 있는 것이다. 일등을 빼고는 모두 낙오자가 되는 바로 그런 게임이다. 일등은 가문의 영광이 된다. 교육은 일등을 찾아내는 게임이 아니고, 모두에게 삶의 행복을 추구하기 위한 기회를 제공하는 노력이 되어야 한다. 사람의 소화능력이 다르듯 머릿속에서 지식을 흡수하고 경험하는 정도는 개인마다 차이가 난다. 교육을 통해 성취하고자 하는 목적은 개인마다 다르다. 당연히 접근하는 방법도 달라야 한다. 모두에게 똑같은 잣대를 대는 것은 위험천만한 일이다. 교육은 절대적인 인간의 행복 추구권이다.

'한국 사회의 교육열, 기원과 심화'라는 책에서 저자인 오욱환 교수는 우리나라의 교육열은 조선시대부터 이어져 오고 있는데, 출세가 곧 인생의 성공을 의미하는 교육 출세론의 전통이 우리에게 전해 오고 있다고 한다. 또한 조선시대부터 한문, 일어, 영어로 이어 온 외국어 자본론이 교육열을 더 부추기고 있다고도 한다. 이렇게 역사적으로 내려온 교육열이 단기간에 사라지기는 어려울 것이다. 문제는 교육열에 대한 결과가 과연 얼마나 긍정적일 것인가에 있다. 또한 지금의 교육열이 당사자인 학생을 위한 것인지 아니면 부모의 욕심을 채우고 만족하기 위한 것은 아닌지 심각히 생각해 볼 필요가 있다.

교육은 상당한 비용이 수반된다. 좋은 환경의 학교, 훌륭한 선생님, 높은 수준의 지식으로 접근할수록 비용은 점점 높아진다. 세계적으로 유명한 강사들은 한 번의 강의에 엄청난 비용을 요구한다. 그것은 그들이 노력하고 쌓아 온 우수한 지식의 질에 대한 대가이다. 하지만 그런 강의를 듣고 제대로 소화할 수 있는 사람들에게는 비용이 아깝지 않지만 아직 수준이 안 되는 사람들에게는 시간과 비용의 낭비인 것이다. 주변에서 지나친 교육열로 인해 부모 학생 가족 모두가 돈 잃고 시간 버리고 결국 가정이 파탄되는 경우를 무수히 보아 오고 있다. 과연 누구를 위한 교육열일까?

우리의 머릿속은 지식을 흡수하고 사용하는 인지적 영역과 감성을 관장하는 정의적 영역이 있는데, 언뜻 보기에는 인지적 영역이 우세할 것 같지만 사실은 그 반대이다. 인간은 감성이 이성을 지배하는 경우가 대부분이다. 아무리 공부가 중요해도 너무 슬프거나 너무 기쁘면 공부가 안 되는 것이 바로 이런 이유이다. 아이의 감성이 충분히 준비가 되어서 공부를 하고 싶은 마음이 들 때 부모가 교육열을 높이면 효과가 만점이다. 많은 경우 부모의 열정만 높아 있고, 아이들은 공부에 대한 싫은 감정을 가지고 있을 때가 많다.

억지로 인지영역에 지식을 넣으려고 노력해 보아야 헛수고이다. 지나친 교육열이 아이들의 공부에 대한 열정을 깎아버리게 된다. 이런 기간이 조금 길어지면 더욱 걷잡을 수 없이 부모가 원하는 공부에서 점점 멀어져 간다. 물론 다른 영역에서 관심을 보이고 열심을 나타내면 무척 다행이지만 그렇지 않은 경우 상당 기간을 부모와 학생이 동상이몽의 시간을 보내야 한다. 가장 효과적인 교육열은 부모가 아닌 학생의 교육열이어야 한다. 학생 자신이 공부의 가치와 필요를 느끼고 공부가 좋아서 매달려야 한다. 과거에 '개천에서 용났다'고 표현하던 문구도 바로 학생의 교육열이 이루어 낸 결과를 의미한 것이다. 학생이 매달리는 교육열의 결과는 놀랄만한 성과를 가져온다. 반면, 부모만의 지나친 교육열은 가족 모두가 불행해질 수 있는 지름길이다.

모두가 원하는 '사'자 붙은 직업

어느 날 5살짜리 남자 아이에게 '커서 무엇이 되고 싶으니" 하고 물었더니 '하늘을 나는 로보트'요 하고 씩씩하게 대답했다. 필자는 빙그레 웃으면서 '그래 참 멋있겠구나.' 하고 응답하였다. 아이는 행복에 겨워 하늘을 나는 표정으로 한 바퀴 원을 그리고 다시 나를 쳐다보았다. 만약 그 아이가 초등학교 3학년이 되어서도 무엇이 되고 싶냐는 질문에 로보트라는 답을 했다면 과연 부모의 표정은 어떨까? 초등학생 정도 되어서 아이에게 장래 희망을 물었을 때 그 아이가 '의사'나 '과학자'라고 또렷하게 말하면 부모는 흐뭇해 하지만 '농부'나 '청소부'라고 말하면 대부분의 부모는 아마 아이를 쥐어박거나 한숨을 쉴 것이다.

삼성경제연구소가 최근에 전국 남녀 중·고생 1275명을 상대로 설문을 실시한 결과를 보면 학생들의 장래 희망은 남학생의 경우 1위가 의사, 여학생은 교사가 1위였다. 그 뒤로 치과의사와 한의사가 뒤를 이은 장래 희망 직업이다. 학생들은 왜 몇 개의 직업에서만 자신의 직업을 찾으려고 할까? 21세기 미래 유망직업 100가지 항목을 보면 의사, 변호사 등의 직업은 찾아볼 수 없다. 디자이너, 시스템 엔지니어, 컨설턴트 등이 국내외에서 가장 유망하다고 꼽는 직업군에 해당한다. 그럼에도 불구하고 학생들의 장래 희망은 왜 몇 가지 직업에서만 몰려 있을까 생각해 보면 부모의 입김이 그 무엇보다 강하다는 것을 알 수 있다.

미국에서 태어난 한인 2세인 학생이 자신의 성장과정이 다른 미국인 친구들과 달랐던 점을 설명한 적이 있다. 다른 미국 친구들은 자신이 하고 싶은 일을 몇 가지 시도하면서 최종 직업을 선택하였는데, 자신은 부모가 하라는 것을 하기 위해서 그 일이 싫은데도 불구하고 할 수 없이 선택했었다고 한다. 결국 자신은 부모가 시켰던 일에서 벗어나 조만간 자신이 원하던 일로 방향을 바꿀 것이라면서 이제는 더 이상 부모를 기쁘게 하려고 자신을 희생하는 일을 하지 않겠다고 하였다. 덧붙이기를 알고 보니 자신의 한국인 친구들은 모두 비슷한 부모를 두어서 불만이 많다고 한다.

우리나라 부모들이 자녀의 직업 선정에 기를 쓰고 간섭하는 이유는 부모들 자신이 이루지 못한 꿈을 자녀를 통해 이루고 싶어 하기 때문이다. 그리고 의사, 변호사 등 소위 '사' 자가 붙은 직업을 가진 사람들의 수입이 다른 직업보다 높은 것도 이러한 직업을 선택하기 원하는 이유이다. 살면서 필요한 경제적인 안정은 모두가 얻고 싶어 한다.

대부분의 부모들이 자식들에게 거의 일방적으로 어릴 때부터 사회적으로 인정받는 직업에 대한 장점을 계속 주입시켜 자연스럽게 그 방향으로 관심을 유도 한다. 만약 여의치 않을 경우에는 학교를 안 보내겠다거나 재산을 1원도 안 물려주겠다는 등의 협박도 서슴지 않는다. 이것은 부모들의 '자식사랑'이고 '모두 자식을 위한 것이고, 잘되면 자식이 좋은 것'이라고 꼭 덧붙인다. 어느 부모인들 자식이 잘 되서 편하게 삶을 영위하는 것을 보고 싶지 않겠는가? 하지만 정말 중요한 것은 본인이 하고 싶고 원하는 일인지를 먼저 따져 보아야 한다. 직업이란 하루 이틀 하다가 때려치우는 것이 아니라 평생을 친구처럼 즐겁게 상대해야 하기 때문이다.

많은 부모들은 정작 그 일을 해 보기 전에 그 일이 아이 자신에게 맞는지 아닌지를 어떻게 알겠느냐고 질문 한다. 또한 부모의 경험상 좋다고 판단하는 것을 자식에게 알려 주는 것이 좋은 부모의 의무가 아니겠느냐고 반문하다. 아이들은 어려서 아직 판단 능력이 없으므로 부모가 대신 정해 주는 것이 마땅한 도리라고 판단한다. 과연 그럴까? 정답은 '아니다' 이다. 우리 주변에는 직업에 대한 다양한 적성검사도 있고, 직업을 간단히 체험해 볼 수 있는 직업 체험전이나 직업에 대한 책들도 무수하게 많다. 적극적으로 알아본다면 선택한 후 후회하기 전에 현명한 선택을 할 수 있다.

인간은 연습 없이 인생을 살기 때문에 부모로서 자식들에게 실패하지 않고 성공만 할 수 있는 좋은 길을 알려 주는 것은 당연한 부모의 의무이고 역할이라 하겠지만, 그것이 부모 자신의 욕심과 희망 사항일 때 부모와 자식 간에는 아주 커다란 괴리가 생길 수밖에 없다. 부모의 강압에 의한 직업 선택 후 후회하고 다시 길을 돌아가는 사례를 우리 주변에서 흔하게 볼 수 있다. 인생을 10년에서 20년은 돌아가는 셈이다. 아이들과 함께 많은 시간을 보내면서 조금만 주의를 기울이면 어렵지 않게 아이의 적성과 그에 맞는 직업을 찾을 수 있다.

보건사회연구원은 최근에 2010년이면 의사가 15,587명이 과잉공급이 될 것이란 연구결과를 공개했다. 2010년 진료의사의 공급은 96,037명인 반면 수요는 82,450명으로 15,587명 과잉공급 될 전망이다. 수요에 비해 공급이 과잉되면 어떤 결과가 오는지는 대략 예측이 가능하다. 한의사도 예외가 아니다. 대한예방한의학회지의 한 논문에 의하면 2009년에는 한의사도 약 5300~5700명 정도가 과잉 공급되며 2019

년에도 약 900~1700명이 공급 과잉 상태일 것으로 추정했다.

현재 각 고등학교에서 가장 공부를 잘하는 학생들이 의대와 한의대를 지망하고 있는 현실에서 냉철하게 미래를 한 번 분석해 보아야 한다. 변호사도 예외가 아니다. 2006년 5월에 1만 번째 변호사가 등록되었다고 한다. 퇴출이 없고 정년이 없는 변호사 만 명이 전국에서 활동을 하고 있다는 의미이다. 외국에서는 변호사를 하다가 레스토랑을 하거나 택시 운전을 하는 사람도 많다. 먹고 살기가 힘들기 때문이다.

현명한 부모라면 아이들이 왕성하게 사회활동을 할 10년에서 20년 뒤를 내다보고 직업을 추천해야 할 것이다. 물론 아이의 적성과 성격이 먼저 분석되어야 한다. 부모 자신이 할 수 없다면 전문가의 힘을 빌리면 된다. 소요되는 비용은 아이가 인생을 돌아가는 것에 비하여 껌 값에 불과할 것이다.

한번 대학교수는 영원한 대학교수

한국 대학교수들의 교육적 배경은 세계 어느 대학교수들과도 견줄 수 있을 만큼 우수하다. 대한민국 해외대학 출신 대학교수들의 85%가 미국에서 박사학위를 받았다는 통계가 있다. 그 중의 대다수는 미국 내에서도 손꼽히는 상위 대학들에서 학위를 마친 교수들이다. 미국의 우수 대학들은 박사학위과정에 준비가 안 된 학생을 뽑지도 않을뿐더러 대학원 수업 과정이나 논문을 쓰고 학위를 받는 프로그램이 그렇게 녹록하지가 않다. 최근 발생한 미국 가짜 학위 사건이나 유령 대학 학위증은 빡빡한 미국 대학 학위 시스템 때문에 생긴 모조품이다. 물론 유럽이나 일본, 중국 등 우수 대학에서 학위를 받는 박사들도 미국과 비슷하게 공부를 하고 학위과정을 마치게 된다.

그렇다면 이렇게 훌륭한 교수진들을 갖춘 한국의 대학들이 세계 대학교육의 평가 순위에서 150위 안에 조차 들어가지 못한다는 사실은 심각한 문제가 아닐 수 없다. 더군다나

뉴스위크지와 중국 상하이 지아통대학의 고등문제연구소가 실시한 세계 대학교육의 평가 기준에는 교수의 연구업적이 가장 중요한 항목으로 포함되어 있다. 이는 한국 대학교수들은 미국을 비롯한 세계의 명문대학들에서 훌륭한 교육을 받았지만 한국에 돌아와 교수가 되면 그다지 노력해서 연구를 하지 않는다는 사실을 설명하는 것이다.

몰론 자신의 전공 분야에 대한 연구보다 학생들 교육에 치중하느라 시간이 없었다고 할지 모르지만, 우리나라 대학의 교수 승진에 연구와 교육은 동등하게 중요한 항목을 차지하고 있다. 우리나라 대학에서도 물론 연구업적이 넘쳐나는 교수들이 많다. 하지만 전체적인 분위기는 대학의 연구업적은 신임교수들이 열심히 연구해서 맞추어 주고, 승진해서 부교수, 정교수로 올라갈수록 좀 편하게 살아가자는 분위기가 아직까지 강하다. 최근 들어 신임교수들을 계약제로 임용하고, 연구업적을 강조하는 상황은 상당히 바람직하다. 부교수, 정교수들도 점차 연구업적을 강화하고 승진과 재임용에서 탈락됨으로서 다 늙어서 논문 쓰기 바쁘다고 불평하는 교수들도 많다. 진작 그랬어야 했다. 대학 내에서는 조교수급의 신임교수는 지저분하고(Dirty) 힘들고(Difficult) 위험한(Dangerous) 3D 업종 중의 하나라는 사치스런 불만까지 나오고 있다.

중국 상하이 지아통대학 고등교육연구소가 2006년에 발표한 조사 자료에 의하면 서울대학교는 국제적으로 명성 있는 연구메달을 받았거나 21개의 연구 분야에서 가장 많이 인용된 연구자 명단에 포함된 교수가 한 사람도 없다. 동 연구소의 조사 자료를 바탕으로 미국의 대표적 공립대학인 캘리포니아 버클리대학교와 한국의 서울대학교 교수들의 연구업적을 비교해 보면, 서울대학교 교수나 연구진들이 자연과학 분야의 가장 권위 있는 학술지인 "Nature"와 "Science"에 발표한 논문의 수는 버클리대학교 교수들의 20%에 불과했다.

질이 아닌 양적으로 비교할 때 서울대학교 교수들의 전체 연구업적은 버클리대학교 교수나 연구진들의 38.6%에 그쳤다. 교수를 포함한 연구진의 숫자가 버클리대학교가 서울대학교보다 많다는 점을 고려해도 한국의 상아탑 중의 상아탑이라고 자타가 인정하는 서울대학교 교수들의 이런 저조한 연구업적은 부끄러운 일이 아닐 수 없다. 서울대 교수들의 연구업적이 이 정도라면 다른 국내 대학교수들의 연구업적은 어느 정도나 될 것인지 쉽게 짐작이 간다.

세계적으로 권위 있는 대부분의 연구학술지는 미국에서 출간된다. 십여 년 전만해도 외국에서 미국에 있는 학술지에 논문을 발표하기란 번거로운 일이었지만 인터넷으로 인해 이제는 그다지 어려운 일이 아니다. 어느 나라에서나 인터넷을 통해 세계 각 곳에 저장되어 있는 학문적 연구문헌이나 자료의 접근이 가능하다. 또한 한국 대학교수들의 박사학위 출신 대학들이 대부분 미국이라는 것을 고려할 때 이들이 영어로 연구 논문을 쓰는 것이 아주 어려운 일은 아닐 것이다.

그러므로 한국 대학의 낮은 연구업적은 반드시 한국이 처해 있는 지리적 혹은 언어적 한계 때문이라고 볼 수는 없다. 또한 한국 교수들이 받는 사회적 존경이나 보수가 부족해서 그들이 제대로 된 연구를 하지 않는 것도 아니다. 사·농·공·상으로 내려온 유교주의적 인식과 '선생님 그림자는 밟지도 않는다.'는 속담에서도 알 수 있듯이 한국 교수들은 미국 교수들에 비해 훨씬 높은 사회적 존경을 받는다. 한국 교수들의 연봉을 포함한 경제적 수입도 미국 교수들에 비해 결코 떨어지지 않는다. 한국은 수업이 없는 방학 기간에도 월급이 나오지만 미국은 긴 여름방학 동안에는 교수가 다른 일을 통해 보충을 하지 않으면 본인의 연봉을 쪼개어서 근근이 살아가야 한다.

한국에서는 대학교수 연봉과 관련된 정보나 자료들은 잘 공개되지 않는데, 최근에 국회의원 한명이 자신의 웹사이트에 교수연봉 상위 20개 대학의 직급별 통계를 발표한 적이 있었다. 2004년 통계로 짐작되는 이 자료에 의하면 서울대학교 정교수는 8758만원, 부교수는 7004만원, 조교수는

6279만원의 연봉을 받는 것으로 나타났다. 미국의 대표적 공립대학으로 볼 수 있는 캘리포니아 버클리대학교는 2004년을 기준으로 정교수가 평균 12만3천불(약 1억 1400만원), 부교수는 7만7천불(약 7100만원), 그리고 조교수는 7만불(약 6500만원)을 받는다. 미국 국민 평균 연간소득액 3만8천불과 한국 국민 연간 소득액 1만5천불을 감안하여 계산하면 서울대학교 교수들은 국민 평균소득에 비해 버클리대학교 교수들 보다 2배 이상의 높은 연봉을 받는다.

부족한 연구비에 대해서 한국 대학교수들은 할 말이 많다. 연구비가 부족하여 연구를 지속적으로 하기가 어려운 상황이라고 불평한다. 하지만 한동안 황우석 교수에게 쏠렸던 관심과 쏟아졌던 연구비를 생각해 보면 미래 발전 가능성이 높은 연구 과제를 제안하고 수행한다면 연구비 조달은 어렵지 않다.

미국에서도 가만히 앉아 있는 대학교수들에게 연구비가 저절로 지급되는 것은 아니다. 새로운 연구제안서를 제출하고 훌륭한 연구업적을 내놓아야 연구비를 얻을 수 있다. 세계에서 차지하는 경제력의 위치나 대학교수들을 포함한 연구진들의 배경과 잠재력을 볼 때 한국도 조금만 노력하면 우수한 인력을 바탕으로 얼마든지 좋은 연구결과를 내 놓을 수 있다. 미국 대학들도 좋은 연구를 진행하기 위해 교수와 대학원생들이 밤을 세워가며 일하기 때문에 우수한 연구 실적이 나오는 것이다.

미국의 주요 주립대학 혹은 이름 있는 사립대학에 계약제로 임용된 교수들이 부교수·정교수로 승진하기 위해서는 대학원 시절보다도 더 힘든 노력을 하고 인정받도록 연구업적을 쌓아야 한다. 그리고 학생들로부터 강의와 학생지도에 대한 평가를 통해서도 인정을 받아야 한다. 미국에서는 매년 수많은 젊은 조교수들이 계약 기간 이후 정식으로 임용을 받지 못하고 대학을 옮기거나 아예 대학을 떠나야 한다. 양보다 질로 평가하는 연구업적에서 밀리는 경우가 대부분이다. 학문적인 가치가 별로 없는 책이나 논문은 평가에서 도움보다 해가 되는 경우도 있다.

오래 전에 미국의 미네소타 주립대학에서 젊은 조교수가 컴퓨터학습에 관한 책을 출간했는데, 그 책은 많은 대학에서 교과서로 사용됐고 계속 개정판이 나왔다. 그러나 그 책으로 인해 저자인 교수는 승진 평가에서 탈락되어 대학을 떠나게 되었다. 깊이 있는 경험적 연구에 치중해야 할 연구의 초년병이 실용적 가치를 위해 학문적 연구를 소홀히 한다는 평가를 받았고 이는 곧 그의 승진 평가에 부정적 영향을 미쳤다. 대부분의 경우 훌륭한 학술 서적은 오랫동안 경험적 연구를 통해서 축적된 지식과 경륜을 바탕으로 쓰여진 것들이어야 가치를 인정받는다.

따라서 미국에서는 경험적 연구결과나 이론적 바탕이 없이 다른 사람들의 논문이나 책들을 짜깁기 식으로 편역한 책이나, 상식적인 논리에 기초한 논문들은 연구업적으로 인정받을 수 없는 눈에 안 보이는 제도가 가동되고 있다. 이런 평가제도는 교수의 승진 및 연봉과 밀접한 관련이 있다. 미국에서는 정규 임용을 받고 대학에 남아도 정년을 보장받는 정교수로 승진을 하지 못하고 퇴직을 서둘러야 하는 교수들도 많다.

또한 교수들의 연봉 인상도 철저히 연구업적과 학생들의 평가결과에 따라 결정된다. 이렇게 연구의 옥석을 제대로 구분하게 하는 분명한 연구업적 심사 기준과 강의 평가 기준에 따라 교수들의 업적을 평가하는 제도가 잘 돌아가면 교수들의 글로벌 실력과 대학의 경쟁력은 저절로 따라오게 된다. 논문 표절에 대한 사례가 심심치 않게 뉴스에 나오는 한국의 대학 사회가 다시 한 번 깊이 생각해야 하는 문제이기도 하다.

전반적으로 미국 대학교수들의 사회적 지위나 경제적 수입은 한국 대학교수들에 비해 훨씬 낮은 편이다. 미국에서 대학을 마치고 대학원 박사과정을 공부하는 학생들은 대부분이 자신의 전공 분야를 공부하고 연구하는데 높은 흥미와 보람을 느낀다. 이런 이유로 학생들이 대학원에 진학을 하고, 대학원을 마친 후에도 계속 연구에 몰두한다. 미국 대학교수들이 열심히 연구하는 기본적 이유가 바로 이것이다. 자신이 정말 좋아서 선택했기 때문이다.

반면 한국 대학교수들 중에는 공부에 대한 흥미나 열정보다는 직업적 명예나 사회적 지위를 얻기 위해서 억지로 공부하여 박사가 되고 교수가 된 사람들이 많다. 한번 교수는 영원한 교수라는 자조적인 농담이 있을 정도로 한번 교수가 되면 정년퇴직을 할 때까지 자리를 지키기가 그다지 어렵지 않다. 물론 최근에 초임 교수들은 계약조건이 까다롭기 때문에 예외이지만 그동안에는 시간이 지나면 자동적으로 부교수가 되고 정교수도 되었다.

그러니 원래부터 연구에 큰 흥미가 없이 교수가 된 사람들이 힘든 연구를 계속할리는 없는 노릇이다. 한국에서도 사회적 명예나 경제적 이유가 아니라 정말 연구가 좋아서 그리고 학생들 지도가 재미있어서 대학교수가 되는 풍토가 다져져야 한다. 대학도 그런 열정을 가진 사람들을 교수로 채용하도록 노력해야 한다. 이것이 대학교수도 연구와 수업으로 행복하고 그 학교에 다니는 학생들도 양질의 교육을 받아 행복해 질 수 있는 지름길이다.

대학 선택 및 전공의 폐쇄성

워싱턴 근교의 버지니아주에 사는 캐티는 원래 머리가 우수하고 모범적인 학생이었다. 그러나 고등학교에 진학하면서 좋지 않은 친구들과 사귀다가 학교 성적이 바닥으로 떨어졌다. 간신히 고등학교를 졸업한 캐티는 백화점 점원으로 직장생활을 하면서 철이 들기 시작했고 대학에 진학을 해야겠다는 결심을 하였다. 그래서 그 지역 주민이라면 고등학교 성적과 거의 관계없이 누구나 진학이 가능하고 학비가 아주 저렴한 커뮤니티 칼리지에 파트타임으로 등록을 했고, 모든 과목에서 우수한 성적을 올렸다. 커뮤니티 칼리지의 2년 과정을 마친 캐티는 미국 주립대의 아이비리그로 불리는 버지니아주립대학 3학년으로 편입을 해서 과거의 놀았던 경력이 전혀 부끄럽지 않은 새로운 생활을 할 수 있었다.

이처럼 미국의 대학입학시스템은 한순간의 실수로 대학진학 기회를 놓친 학생들에게 재기할 수 있는 패자부활전이 있다. 하버드나 예일 같은 명문 사립대학들도 매년 수십 명의 학생들을 편입생으로 받는다. 그런데 흥미로운 사실은 이러한 우수한 대학들이 편입생들을 받을 때 비교적 우수한 4년제 대학보다는 지방의 보잘 것 없는 커뮤니티 대학에서 지원하는 학생들을 우선적으로 선택한다는 것이다. 이것 또한 철없이 저질은 실수나 일순간의 동기 부족으로 우수한 잠재력을 가졌지만 자신의 능력에 맡는 대학입학 기회를 잃은 학생들에게 새로운 기회를 주기 위한 것이다.

미국의 대학 진학제도는 공부를 하겠다는 학생 자신의 각오와 결심, 그리고 대학에서 성공적으로 공부할 수 있는 잠재력이 있다는 사실만 증명한다면 몇 번이고 재기의 기회를 얻을 수 있다. 학생들에게 대학입학 재기의 기회 제도를 법과 정책으로 만들어 실시하는 주들도 있다. 예를 들어 버지니아주는 커뮤니티 대학이나 중간 수준의 학생들이 진학하는 주립대학에서 일정 수준의 평균학점을 받고 교수의 추천을 얻을 경우 주립대학에서 편입을 받아 주어야 하는 정책을 실시하고 있다. 캘리포니아 버클리대학교이나 버지니아주립대학이 이런 제도를 통해 매년 수십 명씩의 편입생을 받아들이고 있다.

일 년에 단 한 번의 대학입학 수능시험으로 대학 진학의 기회가 결정 나고 일류대학으로의 전학이나 편입이 거의 불가능한 한국 대학입학제도는 대입수능시험에서 실수는 했지만 나중에 정신을 차려 재도전을 해 보고 싶은 학생들에게는 너무나 가혹하다. 국가나 사회적으로도 능력 있는 인재발굴과 양성을 어렵게 하는 시스템이다.

특히 한국의 대입수능시험 자체가 학생들이 대학에 진학해서 성공적으로 공부할 수 있는 능력을 제대로 측정할 수 있는 타당도와 그 시험점수를 통해서 학생들의 지식과 실력을 오류 없이 제대로 측정할 수 있는 신뢰도가 제대로 검증이 안 되어 있는 현실을 고려하면 더욱 갑갑한 제도이다. 좀 더 나은 대학에서 교육을 받고 싶으면 재수나 삼수를 해야 가능한 현재의 시스템은 학생 당사자와 가족 모두에게 벽을 느끼게 만든다.

미국 대학은 대학 2학년까지 교양과목들을 들으면서 자신의 적성에 맞는 분야를 탐색하고 개별적인 카운셀링과 적성검사를 통해 학생들이 적성에 맞는 전공을 찾을 수 있도록 도와준다. 웬만한 규모의 대학들은 카운셀러가 수십 명에 달한다. 특별한 이유가 없는 한 학생들은 자신들이 선택한 전공 분야를 공부할 수 있게 되는데, 그 결과 인기 많은 학과는 매년 수백 명의 학생들이 등록을 하지만 겨우 몇 명의 학생만 택하는 학과도 있다.

이렇게 전공할 분야를 선택한 후에도 3학년 4학년의 과정을 거치면서 전공을 바꾸거나 복수 전공을 하게 된다. 대학은 학생들이 전공을 몇 번 바꾸든지 매번 카운셀링을 해 주고 특별한 이유가 없는 한 그대로 받아들인다. 학생들은 대학원에서도 자신이 생각했던 것과 다르면 전공을 바꾼다. 물론 새 전공 분야를 공부하는데 필요한 기초과목과 졸업에 필요한 과목들은 다시 이수해야 한다.

반면, 한국 대학생들은 대학입학시험을 치루기도 전에 전공을 선택해야 한다. 대입시험 준비 때문에 자신의 적성이나 흥미를 생각해 볼 겨를도 없이 바쁜 고등학생들에게 평생을 함께 하며 살아야 할 전공 분야를 선택하라는 것은 무리가 아닐 수 없다. 그들은 아직 자신의 적성과 흥미를 충분히 파악할 만한 지식도 경험도 그리고 연륜도 없다.

또 일단 대학에 입학을 하면 전공을 바꾸기란 여간 어려운 일이 아니다. 부전공과 복수 전공이 있지만 중간에 다른 전공으로 바꾸는 것은 일단 학과 교수들에게서부터 통과되기 어려운 일이다. 학과에서 학생이 빠져나가면 해당 학과의 교수들을 난처하게 만드는 대학 당국도 공범이다. 그래서 할 수 없이 대학을 졸업하고 다른 대학에 편입해서 전공을 바꾸는 경우도 허다하게 생긴다. 시간과 돈 낭비는 당연한 결과이다,

사람들은 자신의 적성과 흥미에 맞는 분야를 공부할 때 더 잘 할 수 있게 되고 그런 분야에서 일할 때 더욱 보람을

느끼고 능률적이 된다. 또 그럴 때 사람들은 직장에서 가정에서 더욱 즐겁고 행복한 생활을 하게 된다. 대학을 졸업한 사람들은 그 사회와 국가의 중견 인력이 된다. 그런 중견 인력이 될 대학생들에게 전공 분야를 대학입학 전부터 선택하게 하고 일단 선택한 분야를 좋으나 싫으나 공부하게 하는 것은 그들이 갖고 있는 적성 분야와 잠재력을 최대한 개발할 수 있는 기회를 차단시키는 것이다. 따라서 이는 국가와 사회가 필요로 하는 중견 인력의 개발과 양성이라는 차원에서도 큰 손실을 초래하는 제도이다.

한국의 대학들도 미국 대학들처럼 학생들이 전공할 분야를 선택하기 전에 먼저 자신의 적성과 흥미에 맞는 분야를 발견할 수 있는 기회와 시간을 허락해야 한다. 그리고 전공을 선택한 후에도 생각이 바뀌면 전공을 바꿀 수 있어야 한다. 아울러 학생들이 자신의 적성과 흥미에 맞는 분야를 전공으로 선택할 수 있도록 도움을 줄 수 있는 카운셀링 제도를 마련하여 적극적으로 운영해야 한다. 대학까지 오는 동안 힘들게 길러진 인력이 더욱 힘을 발휘해 유용한 인재가 될 수 있도록 힘쓰는 것은 한 국가와 모든 국민들의 의무이다.

며느리도 모르는 대학 인사

오늘날 한국이 세계 10대 경제대국으로 성장한 배경은 한국 사람들의 높은 교육열 때문이라고 외국 언론들은 말한다. 그러나 사교육이 공교육을 지배하는 비정상적인 교육풍토와 제도 속에서 대학입학시험에 모든 것을 바치며 공부시키고 공부해야 하는 한국 부모들과 학생들의 그 뜨거운 교육열이 과연 한국을 경제대국으로 발전시킨 원동력이었다고 우리 스스로 자랑스럽게 말할 수 있을까? 냉철히 생각해 보면 오늘날 한국이 이룩한 경제적·기술적 발전은 미국 대학교육의 덕택인지도 모른다.

전자산업과 자동차산업에서 두뇌 역할을 하며 오늘의 발전을 이룩한 고급 인재들을 실제적으로 길러낸 곳은 미국 대학들이 아닌가. 또한 주요 연구기관이나 대학에서 중추적 역할을 담당하는 과학자와 교수들도 대부분이 미국 대학에서 학위를 받은 사람들이다. 그래서인지 예전에는 지방출신의 서울대 수석합격자가 신문에 뉴스거리가 되었지만, 최근에는 미국 아이비리그대학에 입학하는 학생들이 신문을 장식한다.

이렇게 미국 대학들이 세계 각 나라로부터 우수한 학생들을 계속 유치하고 그 졸업생들이 세계 곳곳에서 이루어지는 학문적 연구 발전을 주도하면서 세계 경제와 기술 산업을 이끌어 가는 것은 두말할 필요 없이 미국 대학교육이 우수하기 때문이다. 그 이유는 간단하다. 뛰어난 인재라면 미국은 국적이나 인종에 대한 편견 없이 교수로, 연구원으로 혹은 학생으로 영입하고 그들의 연구와 교육활동을 물적, 심적으로 적극 지원해 온 덕택이다.

미국 대학들은 오늘도 끊임없이 이런 대국적이고 열린 정책과 전통을 통해서 세계적인 인재들을 곳곳에서 유치하고 있다. 세계적 인재들이 미국의 대학과 연구소 그리고 각종 산업체 안에서 두뇌 역할을 하기 때문에 미국은 지금도 자동차·비행기 같은 교통산업과 첨단 군사무기 산업, 전자, 인터넷, 통신 산업을 비롯해서 과학, 의학, 경제 분야의 활동까지 세계를 이끌어 갈 수 있는 것이다.

본교 출신 졸업생이 아니거나 특별한 인맥이 없이는 교수 채용에 지원하기조차 어려운 한국 대학들의 폐쇄적인 관습과 풍토에서는 경쟁적 발전이란 기대하기 어렵고 세계 100위 안에도 못 들어가는 대학교육의 질이 단시간에 개선되기 어렵다. 간혹 본교 출신이 아닌 교수가 채용되어 신기한 뉴스거리로 나오는 교수 채용은 사실상 기사화되기에는 창피한 문화와 의식을 자랑하는 것이다. 그런 폐쇄적인 전통과 관습 속에서는 능력 있는 인재를 공정하게 채용할 수 없을 뿐만 아니라 대학 내에서 연구나 학생지도를 위한 공정한 경쟁이나 평가도 불가능할 수밖에 없다.

한국의 지방대학을 나온 후 미국에서 박사학위를 받고 미국 명문 주립대학 교수로 재직하면서 많은 연구업적을 발표한 한국인 학자가 "한국에서 삼류대학 출신이기 때문에 한국에 돌아가 삼류대학의 교수가 되고 삼류학자의 대우를 받는 것보다 출신대학에 관계없이 실력과 능력에 따라 인정받고 기회가 주어지는 미국에서 살기로 했다"는 고백은 한국 대학들의 폐쇄적인 교수 채용 전통의 문제를 그대로 말해 주고 있다.

또한 한국의 지방대학을 나오고 미국에서 박사학위를 받은 후 명문 주립대학과 권위 있는 연구소에서 많은 업적을 쌓은 사람이 자신의 경력과 미국 학계에서의 인정만을 믿고 서울 한 명문대학의 교수 채용에 지원을 했다가 그 대학 원로 교수가 자신의 제자 지원자를 뽑기 위해서 지원자의 미국 학계 불루칩학술연구지에 발표한 논문에 낙제점수를 주어 그를 마지막 선발과정에서 탈락시켰다는 사실은 우리의 슬픈 과거이고 그리고 현실이다.

한번 스승은 평생 스승이고 스승의 그림자조차 밟으면 안 된다는 고리타분한 전통과 관습 속에서 이렇게 스승과 제자, 그리고 선후배의 인연을 통해 대학교수가 된 사람들이 같은 분야, 같은 학과에서 일하는 은사나 선배들과 학문적으로 경쟁하거나 대립적인 입장에 선다는 것은 상상조차 어려운 일이다. 상호 발전을 위해서 반드시 필요한 건설적 비판이나 공평한 평가조차 하기 어렵다는 것도 뻔한 일이다. 이런 폐쇄적인 풍토 속에서 학문적인 발전을 기대할 수는 없는 일이 아닌가?

한국 대학들의 폐쇄성을 알려 주는 보다 구체적인 자료로 서울의 유명 대학교 컴퓨터학과 69명의 교수 중 단지 9%에 해당하는 6명이 타 대학 출신으로 밝혀졌다. 그 6명 중 4명은 미국에서 학부과정을 나온 사람들이다. 반면 미국의 MIT 컴퓨터학과 교수들 중에는 MIT대학 출신이 전체 150명의 교수 중 겨우 25명(16.7%)에 불과했다. 이런 현상은 사회과학 분야도 마찬가지이다. 서울모 대학 경제학부 교수 34명 중 6%도 안 되는 단 2명만이 타 대학 출신인 반면 하버드대학교의 경제학과 교수 70중 하버드대학 출신은 겨우 14%인 10명에 그쳤다. 일본의 대학들도 폐쇄적인 것으로 알려졌다. 그러나 한국보다는 나은 편이다. 일본 동경대학의 경제학부 교수 60명 중 35%에 해당하는 21명이 타 대학 출신이다.

미국 대학들의 공정하고 열린 인재 등용 정책은 학장이나 총장을 뽑을 경우에도 마찬가지이다. 예를 들어 미국의 5개 명문대학인 하버드, 프린스턴, 예일, 스탠포드, 그리고 MIT 총장들은 모두 타 대학 출신들이고 예일의 리차드 레빈(Richard Levin) 총장만이 동 대학에서 박사학위를 받았다. 더욱 재미있는 사실은 이들 명문대학 총장들의 출신 대학이나 대학원이 대부분 자신이 총장으로 재직하고 있는 대학의 명성과 비교할 만한 명문들이 아니라는 점이다.

하버드의 최초 여자 총장으로 기용된 포스트(Faust) 박사는 펜실바니아에 있는 브라인모여(Bryn Mawer)라는 조그만 한 사립대학을 졸업하고 펜실바니대학에서 박사학위를 받았으며, 프린스턴대학의 여총장 틸그만(Tilghman) 박사는 캐나다의 퀸즈대학을 졸업하고 펜실바니아에 있는 템풀대학에서 박사학위를 받았다. 스탠포드대학의 헤네시(Hennessy) 총장도 펜실바니아주에 있는 빌라노바라는 조그마한 사립대학을 졸업하고 뉴욕주립대학에서 박사학위를 받았고, MIT의 혹필드(Hockfield) 여 총장도 뉴욕에 있는 로체스터대학을 졸업하고 워싱턴에 있는 조지타운대학에서 박사학위를 받았다.

이렇게 미국 최고의 명문대학들은 대학의 얼굴이고 또 대학의 성쇠를 책임지는 총장까지도 출신 대학이나 대학원에 상관없이 오직 능력에 따라 기용한다. 이런 열린 가치관과 공정한 인사정책을 통해서 그들은 항상 최고의 인재를 기용할 수 있고, 그것이 바로 최고 명문대학의 위치를 명실상부하게 받쳐 주는 힘이 되어 오고 있다.

한국의 소위 일류대학 교수들은 거의 대부분이 미국을 비롯한 선진국에서 박사학위를 받은 사람들이다. 그럼에도 불구하고 폐쇄적인 가치관과 전통이 아직도 한국 대학을 지배하고 있다는 사실은 이해하기 어려운 불가사의가 아닐 수 없다. 어쨌든 한국 대학들은 그 폐쇄적인 가치관과 전통을 과감히 버려야 한다. 그리고 대학의 같은 학과 또는 분야 안에서 교수 간에 스승과 제자, 그리고 선배와 후배라는 고리타분한 관계와 관념을 버려야 한다. 그래야 우물 안 개구리격의 엘리트 의식을 떨쳐 버리고 교수 상호 간에 그리고 다른 대학들과의 협력과 건전한 경쟁을 통해서 발전을 할 수 있다.

대학입시제도가 주는 파장

많은 사람들은 한국 부모들의 교육에 대한 지나친 열정이 한국 교육의 근본 문제라고 말한다. 정규 학교를 제치고 사설 학원이 교육의 중심 역할을 하게 된 것도 일류대학을 보내려는 부모들의 지나친 욕심 때문이고, 성적 조작이나 촌지, 학교 폭력 같은 비행들도 엄마들의 치마 바람이 원인이라고 한다. 그럴듯하게 맞는 얘기다. 아이들 교육을 위해서라면 모든 희생을 감수하는 한국 부모들의 열정은 전 세계적이다.

허리띠를 졸라매더라도 아이들을 학원에 보내고, 부부가 생이별을 하더라도 기러기 가족의 조기 유학을 선택하는 열정은 못 말리는 지경이다. 하지만 부모들의 교육에 대한 열정이 교육 관련 사회적 경제적 부작용의 근본 원인은 아니다. 한국 교육제도, 특히 잘못된 대학입학제도가 부모들의 교육에 대한 열정에 불을 지폈고 한국 교육의 현실을 오늘날처럼 비정상적으로 만들어 놓았다.

잘못된 대학입시제도의 문제점은 단지 사교육이 판을 치

는 교육환경과 그로 인해 부모들이 감수해야 되는 경제적 어려움에 그치는 게 아니다. 한국 대학의 보잘 것 없는 국제경쟁력, 한국 대학생들의 제멋대로 학습태도, 글로벌 경쟁력 있는 고급인력 양성의 실패, 지나친 경쟁으로 인해 망가진 사회풍토, 이기적이고 비윤리적인 가치관과 의식구조 등 한국 사회 전반에 걸친 많은 문제들의 근본 원인을 제공했다. 또한 이런 대학입시제도가 경제적 능력이 부족한 빈곤 가정이나 문화적으로 소외된 지역에 숨겨져 있는 인재들을 적극적으로 발굴하여 양성해야 하는 대학교육의 도덕적 사회적 의무와 책임까지도 망각하도록 만들었다.

몇 년 전 미국의 유력 일간지 워싱턴포스트지는 '고통스런 선택'이란 제목으로 한국 사람들의 조기 유학을 대대적으로 소개한바 있다. 조기 유학의 원인으로 "네 시간 자면 합격이고 다섯 시간 자면 떨어진다."는 한국 고등학생들이 겪는 4당 5락의 수치스럽고도 비참한 현실을 소개하면서, 학생들 스스로 공부하고 싶은 내적 동기 때문이 아니라 좋은 대학에 들어가야 집안 체면이 선다는 부모의 압력 때문에 입시와 투쟁을 하고 있고, 그 투쟁의 어려움과 실패를 피하기 위해 일찌감치 유학길에 오른다고 전했다.

대학입시 때문에 너무 일찍 지쳐버린 학생들은 공부가 지겨워지고 정작 전력투구해야 하는 대학에 들어가면 공부를 열심히 할 수 없게 된다. 이미 대학에 들어오기 전에 공부에 지쳐버린 것이다. 대학입학시험 준비를 위해서 오랫동안 힘겹게 공부해 오는 동안 그나마 조금 남아있었던 내적 동기마저 소멸되어 버린다. 공부하는 학생들에게 내적 동기는 자동차의 기름과 같은 역할을 하는데, 내적 동기가 빠져버린 상태에서 공부를 계속할 수는 없는 일 아닌가?

OECD(세계경제협력개발기구)가 발표한 2003년도 국제학생평가시험(PISA) 결과에서 한국 학생들은 읽기에서 2위, 수학에서 3위, 문제해결력에서 1위, 그리고 과학에서 세계 4위를 차지함으로서 우리를 기쁘게 하였다. 이뿐만 아니라 2003년도에 실시한 국제수학 과학평가시험(TIMSS)에서도 한국 학생들은 45개 참여국 학생들 중 수학에서 2위 과학에서 3위를 차지했다. 세계를 놀라게 할 만큼 우수한 성적이었다.

그런데 한국 학생들의 공부에 대한 흥미와 동기는 PISA에 참여한 40개 학생들 중 최하위 권에 있었다. 한국 학생들이 수학·과학 등에서 우수한 성적을 보였음에도 수학과 과학에 대한 흥미와 동기는 31위와 38위에 그쳤다는 이 사실이 바로 한국 교육의 어두운 미래를 걱정해야 할 커다란 이유이다.

2005년 한국 교육 60년을 맞이하여 교육인적자원부의 후원으로 열린 국제회의에서 한 외국인 학자는 한국 학생들이 국제학력평가시험에서 보여 준 높은 성적은 지겹고 힘든 공부를 위해 그들의 활기차고 즐거워야 할 어린 삶(Youth)을 희생한 결과라고 혹평한 바 있다. 우리 아이들이 대학을 향한 공부를 위해 하루하루 겪고 있는 힘든 생활상을 보면 틀린 말이 아니다는 생각이 든다.

한국의 대학생들이 열심히 공부하지 않는 가장 큰 이유도 자신이 왜 공부를 해야 하는지 모르는 김빠진 학습동기 때문이다. 좋은 대학에 입학한 것으로 자신의 인생 목적을 달성한 것처럼 느끼고 더 이상 전력을 다해 열심히 공부할 이유를 찾지 못한다. 소위 일류대학이던 삼류대학이던 간에 대학생활 동안 열심히 공부하지 않으면 대학을 졸업할 때는 능력의 차이가 보이지 않는 거의 비슷한 수준이 되어 버린다. 지방대학임에도 취업에 강하고 해외 유명대학원으로 대다수를 유학 보내는 대학들을 보면 고개가 끄덕여지는 데는 이유가 있다.

미국 명문대학생들은 일주일에 약 15~20시간의 강의를 듣고 약 20~30시간을 별도로 공부해야만 강의를 따라 갈 수 있다. 이는 한국 학생들처럼 중·고등학교 때 공부에 대한 흥미와 동기를 모두 소모해 버리지 않고, 중·고등학교 생활 동안 여러 가지 운동이나 봉사활동 같은 즐겁고 보람 있는 생활을 경험하면서 에너지와 학습동기를 축적한 후 대학에 진학하기 때문에 가능한 일이다. 에너지는 반드시 써야하는 곳에 소비해야 효과적이다. 우리는 공부에너지를 너무 일찍 소진해 버린다.

미국 국방성 위성통신 분야에서 일하는 한 한국인 연구원은 서울의 명문대학을 졸업하고 미국의 주립대학에서 박사학위를 받았으며 미국 대학에서 수년간 교수생활을 했다. 그는 직장에서 프로젝트와 관계된 통계나 수학문제를 푸는 데는 선두주자이지만, 새로운 프로젝트를 제안하거나 구체적인 플랜을 수립하는 데는 미국 동료들을 따라 갈 수가 없다고 하소연 한다. 제안된 프로젝트의 실행계획을 세우고 프로젝트팀을 구성하여 관리하는 일에는 더욱 자신이 없다는 것이다.

'미국에서 박사학위를 받고 여러 가지 경험을 쌓았는데 지금까지 왜 그런 한계를 느끼냐?'는 질문에 그는 '한국에서 받은 단순 지식 습득 위주의 교육 때문인 듯하다'고 서슴없이 대답한다. '어릴 때부터 대학을 졸업할 때까지 시험과 성적관리를 위한 공부에만 길들여져 왔기 때문에 현장 문제 해결이나 프로젝트 관리 같은 핵심 능력을 개발할 기회를 갖지 못했고, 대학을 졸업할 때까지 오랜 기간 동안 그렇게 배우고 다져 온 사고방식을 미국 대학원에 진학해서 몇 년 만에 바꾸기란 불가능했다'는 것이다.

우리나라 대학입학시험 위주의 교육은 학생들이 초·중·고등학교를 거치면서 단순한 지식 습득의 학습방법과 습관을 아주 견고하게 만들어 준다. 따라서 글로벌 경쟁시대를 앞서갈 수 있는 창의력 개발 교육은 제대로 받지 못했을 뿐더러 창의력을 개발할 수 있는 기초 자체가 아주 부실하다. 또 홍수처럼 범람하는 새로운 지식과 기술을 이리저리 선택하고 활용할 수 있는 능력도 개발하지 못했다.

현재 우리 교육이 이 상태로 계속가면 아이들은 앞으로도 계속해서 선진국의 학교를 기웃거리게 될 것이다. 지금보다 더 많은 기러기 가족이 생기고 교육 이민이 더욱 성행할지 모른다. 아이들 교육 때문에 가정이 깨지고 개인 파산이 늘어날 수 있다. 사회시스템의 안전을 위해서라도 대학이 경쟁력이 있어야 하고 대학입시가 아이들을 옥죄지 말아야 한다. 패자부활전의 길을 여러 갈래로 다양하게 만들어 놓아야 한다.

부자와 빈자의 구별이 없어야 하는 대학교육

오래 전에 미국에 이민을 와서 가난한 개척 교회를 전전하던 50대 중반의 목사는 아이들 대학 등록금이 항상 걱정이었다. 다행히도 공부를 잘하는 아이들 덕에 고등학교까지는 공립학교를 돈 안들이고 잘 다니게 됐지만 교회신도들이 자식들을 아이비리그에 보냈다고 자랑할 때마다, 자신은 아이 실력이 없어서가 아니라 부모의 재정 능력이 부족해서 좋은 대학을 포기해야 하지 않을까 내심 고민하고 있었다. 하지만 결국 그 집 아이들은 남들이 부러워하는 명문 아이비리그대학에 전액 장학금을 받고 모두 차례로 입학하는 기쁨을 맛볼 수 있었다. 미국에 온 보람과 가난한 개척 교회를 전전하면서 고생했던 젊은 날들이 한꺼번에 보상을 받은 것이다.

미국의 하버드, 프린스턴, 예일, MIT, 스탠포드 등 명문대학들은 매년 입학관계 직원들과 동창회의 네트웍크를 통해서 다른 대학들보다도 더 열심히 우수한 학생들이 자기 대학에 지원하도록 전국적인 캠페인을 벌인다. 이런 대학들은 전 세계에서 지원자들이 몰려오기 때문에 가만히 앉아 있어도 될 것을 뭐 때문에 학교 홍보를 하는지 궁금하지 않을 수 없다.

분명한 이유는 우수한 잠재력을 가지고 있지만 어려운 경제적, 환경적 조건 때문에 일류 명문대학의 진학을 포기하는 학생들이 없도록 기회의 공평성을 제공해 주기 위해서 이다. 미국 대학들은 입시철이 되면 가정 형편이 안 좋아서 대학입학을 망설이는 학생들에게 학비 걱정 없이 명문대학에서 공부할 수 있다고 화끈한 후원을 약속한다. 이런 대학들은 부자들이 사는 학군이나 비싼 사립학교 보다 빈민 도시나 지리적으로 소외된 지역의 학생들을 위해 더 적극적으로 홍보활동을 벌인다.

또 입학생을 선정하는 과정에서 지원자들의 출신 가정환경을 특히 많이 고려한다. 결국 지원자들의 모든 성적을 절대적인 기준이 아닌 주어진 여건과 환경 속에서 어떤 피나는 노력을 통해 무엇을 성취했는지 상대적으로 검토하고 평가한다. 이는 명문대학들이 사회에서 받아 온 명성과 막대한 기부금을 사회 환원 차원에서 평등하게 기회를 제공하고자 하는 책임감의 발로이다. 그렇기 때문에 많은 미국 사람들이 명문대학에 거액의 기부금을 내고 대학에 들어와서는 막상 빌빌거리면서 제대로 공부할 수 없는 부자 학생들을 본 체 만 체 할 수 있는 것이다. 결국은 이들이 보탠 기부금들이 사회에서 소외된 계층들에게 상당한 혜택으로 돌아가기 때문이다.

공·사립대학을 막론하고 미국의 거의 모든 대학들이 이와 유사한 시스템을 갖추고 있다. 정부와 각종 재단들도 경제적으로 어려운 학생들을 위해 다양한 재정지원 프로그램을 만들어 놓고 가난하고 똑똑한 학생들을 발굴하려 애쓴다. 2006년 서울대에 입학한 학생들의 출신 가정을 분석해 보니 소위 강남권 고교 출신들이 11.8%에 해당하였다. 2007년에는 비율이 더욱 증가하였다. 전국의 고3학생 중 강남권 비율이 3.5%라는 것을 감안하면 가정환경이 대학입학에 결정적인 작용을 하고 있다는 증거이다.

사교육을 받을 수 없는 가난한 가정 출신의 학생들이나 지리적으로 소외된 시골에 살고 있는 학생들이 강남의 부유층 자녀들과 대학입학시험에서 당당히 경쟁할 수 없는 것은 너무나 당연한 사실이다. 학생들이 갖고 있는 기본 재능보다 어찌할 수 없는 출신 가정의 경제적, 사회적 조건 때문에 좋은 대학에 갈 수 있는 기회가 막혀 버린다면 많은 사람들은 희망을 잃고 삶의 허탈감을 맛보게 된다. 아까운 인재를 묻어 버리는 실수는 국가적으로도 막대한 손해이다.

공교육을 하찮게 만드는 교육과정

7차교육과정이 시행된 2000년 이후에 사교육의 비중이 줄었나 늘었나 하는 것은 지나가는 초등학생 학부모에게 물어보면 금방 답이 나온다. 서울과 수도권에 거주하는 초등학교 학부모 350명에게 실시한 설문조사에서는 90%이상이 사교육을 받고 있으며 평균 3~4개의 학원을 다니고 있는 것으로 나타났다. 또한 사교육비 비중이 많아질수록 학부모의 스트레스는 점차 높아지게 된다. 그렇다면 학생들이 이렇게 사교육을 많이 받고 있기 때문에 학교의 교사들은 가르치기가 수월하고 시간이 남아돌고 있을까? 교사들의 반응은 싸늘하기만 하다.

7차교육과정이 6차교육과정보다 학습의 양을 30%정도 줄였다고 하지만 한반에 35명이 넘는 학생들을 수준별로 나누어 학습을 하기에는 수업시간과 환경이 미처 따라와 주지 못하고 있다는 것이 교사들의 중론이다. 교사 한명이 한반의 학생들을 이리저리 나누어 뛰어다니다 보면 수업도 안 되고 수업분위기는 엉망이 되기 십상이다. 학생들이 이렇게 하루의 대부분을 학교에서 허송세월하면서 보내고 오면 어느 부모가 자신의 아이를 학원에 보내어 보충수업을 받게 하고 싶지 않겠는가? 학원들이야 말로 틈새시장을 철저하게 활용하면서 학부모들에게 시의 적절한 당근을 제공하고 있는 것이다. 그래서 7차교육과정을 학원들을 위한 교육과정이라 비아냥하는 사람들도 있다.

그렇다면 고민에 고민을 거듭해서 다듬고 다듬어 학교에 내려 보낸 교육과정이 학교에서 환영을 받지 못하는 것은 과연 무엇 때문일까? 사실 학교의 어린 학생들은 자신이 무엇을 왜 배워야 하는지 잘 모른다. 그걸 모두 알면 더 이상 학생이 아니다. 교육과정을 아무리 잘 만들어도 일차적으로 움직여야 하는 대상은 교사들이다. 학교의 교사가 움직이지 않는데, 학생들이 움직일리 만무하다. 그리고 교사가 힘주어 강조하지 않는데, 시험에서 교사가 가르친 내용이 나올 리 만무하다.

학부모도 교사들 눈치를 보고 움직인다. 실례로 시험 때만 되면 동네 학원들은 근처 학교들의 3~4년 동안 제출된 시험문제들을 모두 찾아서 학생들에게 돌리고 예상문제를 뽑아준다. 이렇게 준비하고 시험 보면 좋은 성적이 나올 수밖에 없다. 학원도 시험 때는 교사들의 눈치를 볼 수밖에 없다. 그런데, 교사들은 왜 새로운 교육과정에 적응하여 움직이지 않을까? 원래 학교는 사회의 모든 영역 중에서 변화의 속도가 가장 느린 곳이다. 그 이유는 너무나 많은 사람들이 한꺼번에 움직여야 하기 때문에 코끼리 걸음처럼 천천히 움직일 수밖에 없다. 코끼리를 빨리 움직이게 하기 위해서는 혹독한 훈련과 당근이 필요하다. 서커스를 보면 코끼리도 빨리 움직일 수 있는 가능성이 충분하다.

학교환경과 그 속의 교육과정이 바람직하게 돌아가기 위해서는 교사가 움직이지 않으면 안 되는 시스템이 먼저 작동되어야 한다. 학생에게 제공되는 수업의 내용과 방법 및 학생지도에 이르기까지 다양한 평가와 측정을 통해서 새로운 교육과정이 자리를 잡아가도록 충분히 준비시켜야 한다. 그리고 교사 개인이 아닌 시스템이 먼저 돌아가도록 만들어야 한다. 우리가 은행에 들어가면 먼저 번호표를 뽑아야 하는 것과 마찬가지이다. 무엇을 먼저 해야 하는지를 알면 사람들이 우왕좌왕할 필요가 없다.

학교가 좋은 교육내용과 효과적인 학습방법으로 학생들을 가르치는 것은 바로 학생들이 학교를 가는 첫 번째 이유이고, 학교에서 얻을 수 있는 소중한 자산이다. 하루의 그 많은 시간을 학교에서 보내고 뭔가 의미 있는 것을 가져오지 못한다면 학생, 학부모들에게는 엄청난 손해이다. 그래서 학교의 교육과정은 교사들이 실천하기 쉽도록 구성하는 것이 결국 학생들에게 이익이 돌아간다는 것을 깨달아야 한다. 또한 교사들이 융통성을 발휘하여 자신의 실력을 뽐낼 수 있도록 자율권을 많이 주는 것이 학생들에게 궁극적으로 도움이 된다. 이렇게 하면 실력 있는 교사와 그렇지 않은 교사들의 차이가 커지게 되고 시간이 지나면 자연발생적으로 부실한 교사들의 문제가 해결 될 수 있다.

학생들도 자리에 앉아서 교사의 설명을 듣기만 하기 보다는 직접 활동에 참여하고 뭔가 스스로 고민하여 해결하는 과정을 통해 두뇌의 인지구조를 더욱 자극할 수 있다. 학생들이 직접 참여하는 학습활동은 교사가 준비하는데 노력과 시간이 필요하다. 교사가 얼마나 연구하고 생각했는가에 따라 학생들의 활동과 학습결과가 달라진다. 결국 교육과정은 학생을 움직이기 전에 교사를 먼저 움직일 수 있도록 만들어야 한다. 교사의 능력을 뛰어넘는 학생이 학교에서 길러지는 것은 그 학생이 천재나 영재가 아닌바 불가능한 일이다. 학부모들이 능력 있는 교사들을 찾아다니는 것은 바로 이러한 이유이다.

한꺼번에 너무나 많은 변화를 요구해서, 혹은 전혀 변화를 하지 않아도 학생을 가르치는데 아무 지장이 없어서 교사가 무능해진다면 이것은 교육 시스템의 결함이고 교육과정의 실책이다. 교사를 부지런히 움직여 능력 있는 학생들을 길러낼 수 있는 시스템이야 말로 우수한 교육과정이고 교육정책이다.

PISA 보고서에 나타난 한국 교육의 비정상적인 현상은 교육책임자나 학생 모두가 학교교육을 어떻게 생각하는지 여실히 보여준다. 한국 학생의 28%가 "학교는 사회생활을 준비하는데 거의 아무 역할도 하지 않는다."고 대답했고, 66%의 학생들이 "학교가 직장생활을 하는데 조금 유용한 것을 가르친다."고 답하여 41개국의 학생들 중 31위를 차지하였다. 또 10%의 학생들이 "학교는 단지 시간 낭비일 뿐"이라고 하였다. 더욱 놀라운 것은 83%의 학생들이 학교를 결석해도 수업에 별 지장이 되지 않는다고 대답하였다는 사실이다. 공교육을 제치고 사교육이 주된 역할을 하는 비정상적인 한국 교육제도와 풍토를 그대로 설명해 주는 통계수치이다.

이런 비정상적인 교육현실은 부모들의 사교육비 부담능력에 따라 학생들의 교육기회를 차단시키는 결과를 가져왔다. 돈 많은 가정의 아이들은 가장 좋은 학군을 찾아 이사를 하고 가장 우수한 학원을 찾아 특별교육을 받는 반면 가난한 가정의 아이들은 학원 구경도 못해본다. 가난한 가정에 태어난 아이들은 평등한 교육기회를 누릴 수 있는 국민적 권리가 있음에도 불구하고 한국 교육제도의 잘못으로 그 권리를 원천 봉쇄당하고 있는 것이다. 사교육비를 부담할 능력이 없는 가정의 학생들은 대학에 진학할 기회를 잃게 됨으로써 더불어 경제적·사회적 진출의 기회까지 잃게 된다. 이는 가난을 대물림하게 만드는 소외된 사회계층을 창출한다. 이런 교육제도와 풍토 속에서는 빈곤한 가정에 숨겨져 있는 인재들이 제대로 발굴될 수 없다. 다시 말하면 무수히 많은 우수 잠재 인력들이 그 능력을 개발할 기회조차 가져보지 못하고 파묻혀 버리는 것이다. 국가 전체로 보아도 커다란 인력의 손실이 아닐 수 없다.

사교육비가 한국 국민생활의 질과 경제발전에 미치는 부작용도 가히 심각한 문제다. 현실적으로 아이들의 사교육비 때문에 수많은 부모들이 허리띠를 졸라매고 있지 않는가? OECD가 2006년에 발표한 2002년 통계를 보면 한국은 사교육비로 국민총생산고(GDP)의 2.9%를 소비했다. 이 중에는 사립대학의 학비가 포함되어 있지만 대부분은 학원을 비롯한 과외교육 비용이다. OECD국가 중에서 가장 높은 비율이다. 두 번째로 사교육비가 높은 나라가 미국으로 GDP대비 1.9%인데 여기에는 모든 종류의 사립학교 학비가 포함된다.

미국은 한국과 비교해서 훨씬 많은 사립대학과 사립 초·중·고등학교가 있고, 이들 사립학교의 학비는 엄청나게 비싸다. 예를 들어 미국의 비싼 사립 고등학교 일 년 학비는 4만

불에 육박하는데 미국은 이런 비용이 사교육비 비율로 들어가지만, 우리나라는 미국에 비해 사립대학수가 훨씬 적고 사립 초·중·고등학교에 들어가는 교육비는 사교육비 산정에 제대로 포함도 안 된다. 그럼에도 불구하고 우리나라의 전체 사교육비가 미국보다 국민소득 비율로 보아 65%나 더 높은 엄청난 비용도 지불된다는 것은 이 사교육비의 대부분이 학원 등에 지출하는 순수 사교육비라는 분명한 증거이다. 더욱이 통계에 포함시키지 못한 개인교습에 대한 비용까지 합하면 그야말로 입이 벌어질 정도의 액수가 사교육비로 지출되고 있다. 우리나라의 공교육 전체 예산보다 사교육비 시장이 더 크다는 분석도 있다. 미국을 제외한 일본 등 대부분 OECD국가들이 GDP의 1% 안팎을 사립학교 학비를 포함해서 사교육비로 소비하는 것을 보면 한국 교육풍토가 정상 궤도에서 한참 벗어났음을 금방 알 수 있다.

이렇게 학원을 비롯한 사교육이 학교교육을 지배하는 비정상적인 교육풍토, 그로 인해 생기는 많은 사회적·경제적 문제 중 큰 원인이 대학입학제도에 있다는 것은 이제 대한민국 국민 모두가 알고 있는 사실이다. 우리나라 초·중·고등학교 교육의 현실적인 교육목적은 모두 대학입학시험에 초점이 맞추어져 있다. 초·중등교육의 근본 교육철학은 전인 교육일지라도 학생들과 학부모는 무조건 대학입시에 목을 매

다시피 한다. 지난 반세기 이상 조변석개로 계속되어 온 한국의 교육정책은 대학입학제도의 근본적 개혁보다는 학교의 평준화, 과외수업 중단, 중·고등학교 입학시험제도 변경 등 부수적인 문제에만 치중해 왔다. 마치 암을 앓고 있는 환자를 위해서 암세포를 없애려는 근본치료 보다는 암으로 인해서 생기는 증상치료에만 집중해 온 격이다. 결국 한국 교육 문제의 근본 원인인 대학입학제도를 하루 빨리 고치는 것만이 한국 공교육의 병폐를 치료하는 지름길이다.

내 자식은 남달라야 한다는 뒤쳐진 의식

어느 날 한 아이가 핸드폰을 가지고 유치원에 나타났다. 친구들에게 생일선물로 받은 것이라 자랑했다. 아이들이 모두 한 번씩 만져 본 다음에 다들 집에 가서 생일선물로 핸드폰을 사달라고 조르자 유치원에 항의 전화가 빗발쳤다. 그 유치원은 일주일 동안 호떡집에 불이 난 듯 난리를 쳤고, 집에 가서 조르던 아이들의 반은 핸드폰을 선물 받기로 부모로부터 약속을 받아 냈다. 유사한 일이 미국의 데이케어(방과 후 어린이 집)에서도 실제로 일어났다. 한 아이가 엄마에게 전화를 받아야 한다고 핸드폰을 가지고 나타난 것이다. 그런데 이상하게도 다른 아이들은 그 아이의 핸드폰을 탐내지 않았다. 그 다음날 핸드폰에 대해 데이케어로 전화를 한 사람은 하나도 없었다. 무슨 차이일까?

우리는 지나치게 주변 사람을 의식하는 문화를 오랫동안 가져오고 있다. '남이 듣겠다.', '남이 볼까 무섭다.', '너는 왜 남과 그렇게 다르니?', '남들은 어떻게 사니?', '남들은 무엇을 했니?' '누가 일등을 했니?' 등등.. 하루의 많은 시간을 남들과 비교하면서 살아간다. 그래서 우리 집 아이도 남들과 페이스를 맞추어 가면서 뭔가는 좀 특별하게 튀어야 한다는 의식이 강하게 남아 있다.

대학생이 고등학생을 가르치는 한 달 과외비로 500만원을 받는 기가 막힐 실제 사례가 이런 의식에서 생겨난 일이다. 중학생을 처음 가르치기 시작한 개인 과외가 아이의 성적이 차츰 오르자 대학생들이 아예 대학을 휴학하고 학생 몇 명을 그룹으로 지도하면서 매달 500만원씩 버는 대학생이 생겨난 것이다. 돈이 많아서 아이들 사교육에 많은 비용을 쓰겠다는데 이의를 제기할 수는 없지만 실제 노동의 대가보다 많은 수입액은 정상적인 마켓을 심히 교란시킬 수밖에 없다. 다른 아이들이 상대적인 피해자가 되는 것이다. 남들보다 과외비를 더 주고 자신의 아이만 특별 지도받기를 바라기 때문이다.

한국교육개발원이 전국의 2500명 학부모에게 설문 조사한 결과에 따르면 '자녀가 대학에 진학하지 못하는 것을 자녀교육 실패로 본다.'는 응답이 27.9%, '자녀가 명문대학에 못 가면 자신의 체면이 안 선다.'는 응답이 17.8%가 되었다. 부모들의 이런 의식은 우리가 가끔 언론에서 접하는 우수한 학생들의 '자살(자살기도)', '따돌림'으로 인한 사고로 쉽게 이어질 수 있다. 서울지역 초·중등학생의 25%가 정신 상태에 문제가 있으며, 특히 특목고 학생들의 정신과 치료는 상당히 심각한 수준에 이르고 있다는 분석이 있다. 하지만 학생의 부모는 이를 수긍하지 못하고 집안의 체면이 손상되거나 자녀교육에 실패했다고 미리 판단하고 치료 자체를 거부하는 사례가 대부분이라고 한다.

모두 지나치게 남을 의식한 탓이다. 체면보다 먼저 아이의 정신건강을 생각해야 하고 학교환경보다 우선 아이의 행복을 생각해 보아야 한다. 아무리 좋은 교육환경도 내 아이에게 맞지 않으면 의미가 없다. 내 아이가 교육환경보다 훨씬 중요하다고 생각해야 한다. 만약 아이가 학교환경에 적응을 못하면 뒤도 돌아볼 것 없이 다른 선택을 취해야 한다.

이렇게 남의 눈을 많이 의식하는 우리나라 사람들이 타인을 배려하는 의식은 정작 상당히 부족한 편이다. 한국여성개발원이 전국 성인 1000명을 대상으로 국민의식에 대한 조사결과 전체 21%가 남의 배려하는 의식이 많이 부족하다고 인정하였다. 이처럼 자기 만족을 위해 남의 눈을 의식하면서도 정작 필요할 때 타인을 배려하지는 못하고 있다. 내가 남달라야 하는 것은 나의 개성 표현이 아니라 타인이 나보다 상대적으로 낮게 보이도록 하여 자신의 우월감을 드러내는 심리이다. 결국 내 아이들은 옆집의 다른 아이들과 좀 다르게 교육받아서 남이 우러러보는 직업을 가져 집안을 빛내 주고, 더불어 부모들도 신분 상승효과를 보면서 세상에 남보란 듯이 떵떵 거리면서 주위 사람들을 살짝 눌러주고 싶다는 얄팍한 의식이 강하다.

취업담당 포털이 대기업 62개사와 중소기업 300개사 등 총 362개사를 대상으로 신입사원의 1년 내 퇴사율을 조사해 본 결과 중소기업에서 30.8%와 대기업에서 22.8%의 퇴사율을 보였다. 어렵게 들어간 회사를 나가는 이유야 다양하겠지만 가장 큰 이유들은 직무와 맞지 않아(30.1%), 개인사정(21.3%), 회사와 맞지 않아서(17.7%)라고 한다. 특히 중소기업의 퇴사율이 높은 것은 자신의 이상과 현실을 조율하지 못하는 '남 보기 창피한' 이유도 강하다고 한다. 어릴 때부터 남 보기 그럴듯하게 공부하여 그럴듯한 학교에 가도록 길들여진 아이들이 성인이 된 후에도 항상 남 보기에 그럴듯한 직장과 남보다 뭔가 다른 생활을 해야 한다는 강박관념을 갖게 되고, 이것이 평생을 남과 비교하는 불행한 인생을 만들 수 있다는 것을 부모들은 일찌감치 깨달아야 한다. 교육은 남보다 튀기 위해서가 아니라 남과 더불어 살기 위해 필요한 것이다. 자살율이 세계1위를 달리는 우리가 심각히 돌아보아야 할 슬픈 자화상이다.

II. 이것부터 바꾸자

대학이 앞서게 하자

대학은 힘들게 공부하는 곳이다

재교육이 필요 없는 대졸 인력을 사회에 내보내자

대학입시 정말 다시 생각해 보아야 한다

대학이 앞서게 하자

우리나라 대학의 경쟁력이 다른 선진국들에 비해 떨어진다는 것은 언론을 통해 이미 널리 알려졌다. 유명한 서울대를 비롯해 장안의 쟁쟁한 대학들도 세계시장에 내놓으면 100위 안에도 못 들어가는 초라한 현실을 극복하고 싶은 마음은 전 국민이 같을 것이다. 어디서부터 시작을 해야 할까? 대학의 경쟁력이 교수의 실력이냐 학생의 실력이냐는 오래전부터 시작된 토론 주제이다. 교수와 학생의 실력이 모두 함께 뛰어나다면 경쟁력은 당연히 높아질 수 있을까? 고개가 끄덕여질 수 있는 질문이다. 하지만 날고 기는 수재들이 들어가는 서울대와 세계에 내놓아도 손색이 없는 쟁쟁한 학력을 소유한 유능한 교수들이 모여 있는 서울대의 국제 경쟁력은 왜 그 모양일까? 교수는 열심히 연구하고 학생은 열심히 공부하면 되는데 왜 그걸 못할까?

먼저 교수들이 진정한 학문적 연구와 관계가 없는 명예나 돈벌이를 위해 학교 밖의 일들을 그만두고 학교 안에서 학생들을 잘 가르치고 연구를 위한 과제들에 더욱 열중하고 집착해야 한다. 그렇게 하면 자연히 학생들도 보다 진지한 태도로 학업에 임하고 열심히 공부하게 될 것이다. 교수와 학생 모두가 자신들의 사명과 철저한 임무수행을 위해 열심히 연구하고 공부하면 대학의 경쟁력은 당연히 높아질 수밖에 없다.

미국에서는 중간 수준에 해당하는 대학의 교수들도 학기 중에는 학생지도에 눈코 뜰 사이 없이 바쁘다. 자신의 연구와 논문 집필은 휴일이나 방학을 이용하지 않으면 완성하기도 어려울 정도이다. 미국에서 대학교수를 존경과 선망의 대상인 직업이라 생각하는 사람은 드물다. 정말 공부와 연구가 좋아서 선택한 사람들이기 때문에 대학 바깥일에는 크게 관심이 없다. 만약 정치나 기업 등 다른 일에 관심이 생기면 깨끗하게 대학을 떠난다. 대학교수는 교수업무를 충실하기에도 바쁜 사람이어야 한다. 바깥일에 한눈팔 여유가 없어야 한다. 선거철만 되면 이름이 오르락내리락하는 교수들은 오늘날 우리 대학 수준이 여기까지 오는데 무슨 공헌을 했는지 한번 생각해 볼 필요가 있다.

이처럼 교수들이 본연의 업무에 충실하고 현재 대학에 있는 다양한 종류의 교수들, 즉 전임교수, 강의전담교수, 연구교수, 석좌교수, 겸임교수 등 모든 교수들이 자신의 업무에 충실하고 그럴 수 있도록 대학행정이 교수들을 지원하고 감독한다면 대학의 경쟁력이 한 단계 높아질 수밖에 없다. 학생들도 따라서 수준이 업그레이드 될 것이다.

대학들이 정말 세계적인 경쟁력을 갖고 있는지는 전 세계에서 학생들이 몰려오는지 아닌지 보면 금방 알 수 있다. 미국, 영국 등 세계적으로 유명한 대학들이 있는 나라에는 세계 여러 나라 학생들이 학위를 받겠다고 돈을 싸들고 몰려든다. 2007년 미국의 명문 아이비리그대학들은 신입생 선발에 10% 내외의 합격률을 보였다. 전 세계의 쟁쟁한 수재들을 놓고 그 중 90% 정도를 떨어트린 것이다. 무엇이 이들 대학들을 이렇게 당당하게 만들었을까? 해마다 명문대학에 지원하는 지원자들은 그들이 졸업 후에 무엇을 얻을 수 있는지 따져 보고 지원을 했을 것이다.

또 대학도 신입생을 뽑을 때 그들이 졸업 후 사회와 인류를 위해 어떤 공헌을 할 수 있는지 신중히 고려한다. 대학 졸업생들은 가장 훌륭한 걸어 다니는 홍보물이기 때문이다. 졸업생들이 어디서 어떤 일을 하느냐에 따라 대학의 장래가 결정된다. 한 대학의 졸업생들이 전 세계의 각 나라에서 주도적인 일을 하고 있다면 그 대학은 자연스럽게 명성을 날리게 되고 경쟁력을 가지게 된다. 전 세계에서 우수한 학생들이 몰려드는 대학은 그 대학 교수들이 내놓은 학문적 업적과 졸업생들의 사회적 공헌을 통해 이미 세계적으로 알려져 있다.

또 그런 대학들은 세계 여러 곳에서 온 학생들이 모두 편안하게 생활하고 공부하는데 필요한 모든 준비를 잘 갖추고 있다. 수많은 한국 학생들이 미국과 캐나다 영국 등에서 대학을 다니며 짧은 영어로 어려운 공부를 하느라고 힘든 생활을 한다. 그러나 외국인인 그들이 대학생활 자체가 불편해서 적응을 못하는 경우는 거의 없다. 대부분 대학들은 학생들의 생활에 필요한 시설을 갖추고 잘 지원해 주고 있다.

우리나라 대학과는 이것이 바로 세계 경쟁력에서 차이가 나는 부분이다. 우리나라 학생들도 대학생활을 편하게 하기가 힘들고 국제 취업시장에서 경쟁력이 떨어지는데 하물며 외국 학생들이 우리나라 대학에 몰려들 것으로 기대하기는 어려운 일이다. 대학 학비를 반 이상 깎아 주어 싼 맛에 한국 대학으로 유학 오게 만들지 말고, 정말 한국 대학에서 학위를 받으면 인생이 활짝 펴질 수 있게 되도록 훌륭한 교육을 시킬 준비를 해야 한다. 그렇게 되면 세계 각국의 학생들이 한국 대학으로 몰려들 것이다.

우리나라 대학들은 먼저 대학문화 자체를 세계화시키도록 노력해야 한다. 그리고 한사람의 신입생도 대학을 잘 못 선택했다는 후회를 하지 않을 정도로 수업의 질을 우수하게 만들어야 한다. 외국으로 유학 가는 그 어떤 학생도 한국 대학에서처럼 쉽게 공부하면서 외국 대학에서 좋은 성적으로 학위를 받을 수 있을 것이라 기대하지 않는다. 자기 돈 왕창 내고 한국에서보다 몇 배 더 힘들게 노력하고 공부를 해야 한다고 각오에 각오를 하고 유학을 떠난다. 그만큼 유학가고 싶은 대학은 힘들게 노력해서 공부해야 한다는 생각을 하면서, 한국 대학은 쉽게 공부해서 학위를 받을 수 있다고 판단하는 교육환경이다.

학생들이 대학을 쉽게 생각하고 공부를 열심히 하지 않는데 대학의 경쟁력이 뛰어날 수 없다. 이는 전적으로 대학교육 정책과 가르치는 교수들의 책임이다. 대학은 학생들이 공부로 달달 볶이기 위해서 오는 곳이 되어야 한다. 그리고 교수들과 학생들은 그 볶이는 공부가 재미있다고 생각하는 분위기가 되어야 한다. 학생은 학생대로 교수는 교수대로 본연의 자세와 책임을 잊지 말고 열심히 노력하는 것이 세계적인 경쟁력을 가장 효과적으로 높이는 비결이다. 우리나라 대학이 세계적인 경쟁력을 가질 만큼 우수해 진다면 누가 비싼 돈 들여 외국 대학으로 유학을 가겠는가?

대학은 힘들게 공부하는 곳이다

한국 학생들은 대학입학시험을 위해서 고등학교를 졸업할 때까지 정말 열심히 공부한다. 그러나 일단 대학에 진학하면 공부하는 자세는 완전히 달라진다. 대학입시를 위해서 청소년의 삶을 통째로 바쳐 시달려 왔으니 공부에 진절머리가 날만도 하다. 그러나 그것보다 더 중요한 것은 한국 대학의 교육환경과 사회풍토가 대학에 진학하면 열심히 공부하지 않아도 졸업이 가능하다는 것이다. 또 출신대학 이름이 학생 개인의 실력이나 성적보다 더 중요한 사항이고 현실이니 대학생들이 힘들게 열심히 갈고 닦으며 실력을 쌓을 필요가 없다.

보통 미국 학생들은 대학에 진학하기 전까지는 공부와 더불어 여러 가지 운동이나 과외활동에 참여하면서 즐겁게 학교생활을 하지만, 대학에 진학을 하면 정말 미친 듯이 공부에 열중하기 시작한다. 열심히 공부하지 않으면 학점을 얻을 수 없고, 학점을 얻지 못하면 졸업을 할 수가 없다. 평균적으로 미국 대학 학생들이 6년 안에 4년제 대학을 졸업하는 비율은 70~80% 정도에 불과하다. 하지만 탑 아이비리그의 최고 명문대학생들이 6년 안에 그 대학을 졸업하는 비율은 95~97%로 상당히 높은 편이다.

처음부터 우수한 학생들이 입학을 했기 때문이기도 하지만, 대학은 일단 입학한 모든 학생들이 성공적으로 학업을 마치고 졸업할 수 있도록 제도적으로 힘껏 지원하고 책임을 진다. 학생들이 수강하는 과목의 교수를 언제든지 개인적으로 찾아 도움을 받을 수 있고, 거의 모든 과목에서 대학원생인 조교를 통해 필요한 도움을 받을 수 있도록 되어 있다. 기숙사에도 아카데미 지도교수가 할당되어 학생들의 전반적인 생활과 학습활동을 도와주고 스트레스나 각종 심리적 어려움을 겪는 학생들을 위해 심리상담소를 운영한다.

미국 대학이 학생들의 공부를 돕기 위해 제공해 주는 서비스 중 하나로 학생들의 논문작성 방법과 글쓰기 지원 있다. 그래서 학생들은 논문이나 리포트를 쓰기 이전에 계획하는 논문의 구성이나 스타일 면에서 전문가들의 도움을 받을 수 있고 작성한 논문을 교수에게 제출하기 전에 수정받을 수도 있다. 이는 쓰기 과제가 많은 미국 대학에서 학생들이 성공적으로 과제를 수행할 수 있도록 돕기 위한 것이기도 하지만 학생들에게 졸업 후 직장과 사회생활에서 아주 중요한 논리적인 사고와 쓰기 능력을 키워 주기 위해 운영하는 주요 교육활동의 하나인 것이다.

또 명문대학들은 특정 과목에 어려움을 겪는 학생에게 대학원생인 개인 교사를 배정하여 도와주기도 한다. 이렇게 여러 가지 지원을 통해서 졸업에 필요한 모든 과목을 성공적으로 이수하도록 도와주기 때문에 명문대학들의 졸업율이 일반 다른 대학들에 비해서 훨씬 높은 것이다. 결코 학생들이 더 우수하기 때문이거나, 적당히 봐주기 때문이 아니다. 학업을 위해서 다른 학생들 보다 많은 도움을 받는다고 학생들이 그 경비를 부담하지도 않는다.

일단 학생들을 입학시켰으면 성공적으로 교육시켜 졸업을 시켜야 된다는 대학의 사명과 책임에 따라 모든 경비는 대학이 부담한다. 그래서 명문대학일수록 학비가 비싸다. 한국에 비해 미국 대학의 졸업율이 훨씬 낮은 이유는 미국 대학에서는 열심히 공부하지 않으면 졸업을 제대로 할 수 없기 때문이다. 미국 대학 학생들은 일주일에 약 12~18시간의 강의 외에 20~30시간은 공부를 해야 제대로 학점을 받아서 졸업을 할 수 있다. 강의를 따라가기 위해서는 매일 주어지는 여러 가지 숙제를 제때에 해야 하며 수시로 실시되는 퀴즈와 시험도 준비해야 한다.

제도적으로 교수들도 열심히 연구하면서 강의하고 학생들

을 지도하지 않을 수 없도록 되어 있다. 연구업적과 학생들의 평가에 의해서 교수들의 승진이 결정될 뿐 아니라 매년 연봉의 인상 액수가 결정되기 때문이다. 미국의 대부분 대학들은 학내연구부서(Office of Institutional Research)를 운영한다. 여기에서 교수들의 연구업적을 모아 질과 양을 평가한다.

또 학생지도 능력을 평가하기 위한 계획수립과 이를 위한 평가도구를 개발하고 결과를 분석한다. 학생들은 학기마다 자기들이 선택한 모든 과목을 평가하는데 이 결과가 교수들의 승진이나 연봉 인상을 결정하는 중요한 항목이 된다. 또 각 과목마다 그 과목을 이수한 학생들의 구체적인 평가 결과가 공개되어 다음에 과목을 신청할 학생들이 그 내용을 참고할 수 있도록 한다. 학생들의 평가에 나타난 강의의 질이 그대로 공개되는 것이다. 뿐만이 아니다. 개별 교과목에 대한 구체적인 교재 및 학습활동, 과제, 시험 및 평가방법까지 구체적으로 공개한다. 이런 환경 속에서 교수들은 담당과목의 충실한 교육을 위해 최선을 다하지 않을 수 없다. 다른 교수들에 비해 좀 더 우수한 교과목 자료나 정보를 제공하기 위해 보이지 않게 선의의 경쟁을 해야 하는 분위기다.

미국 대학제도와 비교할 때, 연구업적과 학생들 지도에 대한 평가도 제대로 받지 않고 또 그 평가에 대한 결과에 크게 상관없이 대부분의 교수들이 똑같은 속도로 승진하고 근무

년 수에 따라 똑같은 보수를 받는 한국 제도는 분명 문제가 있다. 교육환경과 제도가 교수들에게 너무 쉽고 편하면 그들의 연구와 학생지도가 그만큼 소홀해 질 수밖에 없다. 대학은 교수와 학생 모두가 긴장하면서 생활하는 전문 집단이어야 한다.

재교육이 필요 없는 대졸 인력을 사회에 내보내자

대학에서 배운 내용을 취업 후 직장에서 바로 쓸 수 있다면 직장 재교육을 위한 엄청난 낭비를 확실히 줄일 수 있다. 취업 후 업무와 관련된 내용은 별도로 배워야 한다고 하더라도, 기본적인 대인능력, 대화능력, 그룹(팀)활동, 프리젠테이션 능력, 토론 및 협상능력 등을 이미 배웠다면, 신입사원을 채용하는 기관으로서는 시간과 비용을 상당히 절약할 수 있다. 이런 능력을 대학에서 머무는 동안 한꺼번에 모두 배운다는 것은 현실적으로 어렵다. 이런 능력은 초등학교부터 시작하여 대학을 졸업할 때는 이미 몸에 익숙해져 있어야 한다.

우리나라 교육환경 상 초등 고학년만 되어도 이미 달달달 외우는 대학입시에 돌입하는 분위기라서 나중에 필요한 기본 능력을 배울 여유가 없다. 하지만 피라미드를 무너지지 않게 차곡차곡 쌓아가듯 성인이 되어 사회에서 필요한 지식들을 초등 저학년부터 시작해서 학년이 높아짐에 따라 차근차근 쌓아올리는 교육과정과 학습활동은 절대적으로 필요하다. 대학은 이미 쌓여진 기초 능력 위에 전문지식을 올려놓아 꽃을 피우는 곳이다. 기초 능력이 워낙 없다 보니 대학에 들어와도 전문 능력을 제대로 키우지 못하고, 대학 졸업 후 취업을 하면 직장 재교육으로 발생되는 시간과 비용 낭비가 엄청나니까 그 모든 것이 대학교육 잘못 탓이 된다.

전국경제인연합회의 조사에 따르면 대학을 졸업한 인력이 기업의 요구나 지식을 충족하는 비율은 26%로 심각하게 저조한 실정이다. 그럼에도 불구하고 신입사원들이 1년 내에 퇴사하는 비율은 28%에 이르고 있다. 또한 한국경영자총협회가 500여 개의 기업을 대상으로 실시한 현황조사에서 밝혀진 대로, 대졸 신입사원을 재교육하는데 투자하는 비용이 1인당 평균 6200만 원 정도 들며, 교육기간은 평균 20개월이 드는 것을 감안하면 기업은 엄청나게 밑지는 장사를 하고 있는 것이다. 특히 대기업은 신입사원의 교육비용도 1인당 1억 이상을 투자하고 있으며 교육기간도 2년 5개월 정도가 걸린다. 기업이 신입사원을 채용하는 비용에도 평균 96만 원쯤 소요되는 것으로 채용전문회사의 분석결과 나타났다. 이쯤하면 기업들의 볼멘소리가 이유 있음을 알 수 있다.

도대체 무엇 때문에 멀쩡하게 대학을 졸업한 인력들을 데려다가 기업에서 2년 가까이 막대한 비용을 들여 재교육을 시키고 있으며, 그 중의 28%는 교육을 받고서는 퇴사를 하고 기업은 다시 인력 사냥을 시작해야 하는 악순환을 거듭하고 있는지 모르겠다. 기업들이 이렇게 시간과 비용을 투자해 인력을 재교육하면서도 결국 글로벌 인력은 해외 시장에서 찾아다니고 있는 것 또한 아이러니한 현실이다.

영국에서 국제인재컨설턴트로 활동하는 전문가인 조세미 씨는 글로벌 기업에서 우리나라 인재들이 드문 이유에 대해 '우리나라 사람들이 대체적으로 질문이 없고, 예스맨이 많으며, 마인드 컨트롤이 잘 안되고, 자발적 문제 해결능력이 부족하다'고 지적한다. 우리가 가지고 있는 [글로벌능력=영어]라는 공식도 문제가 있음을 제기한다. 이것은 우리가 한국말을 잘 한다고 논리적인 설득력이 강하다고 생각하지 않는 것과 마찬가지이다. 영어는 단지 도구이고 그 안에 어떤 아이디어를 품고 있는지가 더 중요한 것이다. 그렇다면 우리나라에서 멀쩡하게 대학까지 나오고도 글로벌 시장에서는 경쟁력이 팍 떨어지는 이유는 무엇일까? 전문가들이 내리는 결론은 창의적인 아이디어를 잘 만들어 내고 이를 구체적이고 추진력 있게 밀고 나가는 능력이 경쟁력을 결정한다고 한다. 여기에다 다른 사람들과 효과적으로 커뮤니케이션을 잘 한다면 그 사람의 경쟁력은 최상이라 할 수 있다.

물론 대학도 학생들을 제대로 훈련시키지 못한 비난을 피하기는 어렵지만, 초등학교부터 대학까지 우리나라의 학교교육이 글로벌 사회가 요구하는 필요 능력을 뭐 하나 제대로 가르치지 못한 상황에서 대졸자들에게 글로벌 능력을 요구하는 것은 어불성설이다. 대학생이 되어서도 영어, 취업 등을 위해 학원에 의존할 수밖에 없는 비뚤어진 교육환경을 조성하고 있다. 이제는 정말로 사회가 필요로 하는 능력을 세분화하여 이를 유치원부터 시작하여 초등학교와 중·고등학교에서 어떻게 연결할 것인지 심각하게 연구하고 실행해야 한다.

현재 교육과정처럼 10개의 핵심 과목을 정해서 초등학교부터 고등학교까지 10년에 걸쳐서 연계성 있는 학교교육을 실현한다는 것은 교육과정을 설계하고 개발한 전문가들의 생각이다. 현장에서 적용 가능하고 학생들이 잘 따라오는 현실감이 살아나는 교육과정은 아니다. 어린 학생들에게는 배우는 내용 그 자체보다 그 내용을 어떻게 활용하는지에 대한 구체적인 학습활동이 더욱 중요하다. 그리고 기초 능력이 자동화될 수 있을 때까지 반복연습은 필수적이다.

예를 들어 학생이 수업시간에 질문을 하거나 의견을 얘기할 때 중간에 끼어들거나 자르지 말고 끝까지 들어주는 대화능력은 필수적인 기초 능력이다. 이런 훈련을 현재 학교교육에서 주요 교과목으로 강조하면 모두가 코웃음 칠 노릇이다. 그것은 가정이나 학원에서 하는 것이고 학교는 정해 놓은 학습내용을 훑어 주기도 바쁜 상황에서 어떻게 그런 한가한 시간을 허용할 수 있냐는 반응이다. 하지만 이것은 기본 중의 아주 기본이다.

또한 하루 이틀에 쌓여지는 능력이 아니다. 이런 능력이 없는 가운데, 논리적인 사고, 협상력, 설득력이 하루 아침에 대학에서 쌓여지기를 기대한다면 그것은 로또복권에 당첨되길 기다리는 것과 같다. 기초가 없이 얄팍한 전문지식만 가지고 글로벌 시장에 나간다면 백전백패이다. 이것이 냉철한 현실이다. 이런 기초 능력들은 유치원과 초등학교 저학년 때부터 모든 교육과정에 녹아 들어가야 한다. 그리고 교사가 학습활동을 통해 인내를 가지고 반복적으로 강조해야 한다.

현재처럼 학생들도 학교도 대학입시가 학교를 다니는 최종 목표가 되고 있는 상황에서 기초 능력을 위한 학습활동은 교사와 학생 모두에게 기피 대상이다. 결과로, 제대로 훈련받지 못한 원망을 최종 졸업한 대학이 모두 덮어쓰게 되는 것이다. 대학은 이러한 기초 능력을 가르치기도 강조하기도 알맞지 않은 곳이다. 대학이 기초 능력을 가르치고 있다면 시간과 비용 낭비이다. 대학은 고차원의 전문지식을 쌓으면서 토론하고 적용하고 분석해 보고 새로운 것을 만들어 보는 곳이어야 하기 때문이다.

초등교육에서부터 잘못 끼워진 교육과정의 단추가 대학과 사회에까지 이어진다. 이제는 잘못된 교육과정에서 발생하는 악순환의 고리를 끊어야 한다. 기초 교육부터 다시 점검해야 한다.

대학입시 정말 다시 생각해 보아야 한다

1. 수능은 대학 공부를 성공적으로 할 수 있는지 측정하는 시험이다.

어떤 종류의 시험이든 시험의 목적은 측정하고자 하는 내용을 제대로 잘 정확히 재는 것이다. 이것을 '타당도'라고 부른다. 대학입시문제 타당도는 경험적 자료 분석을 통해서만 측정이 가능하다. 대입수능시험이 그 이름이 시사 하는 것처럼 대학에 들어가서 얼마나 성공적으로 공부할 수 있느냐를 측정하는 것이라면 수능시험 점수는 대학 교육과정 동안 받은 성적과 높은 통계적 상관관계가 있어야 한다. 즉 수능점수 높은 학생이 대학생활도 성공해서 원하는 직장에 들어가야 한다는 의미이다.

많은 미국 대학들이 미국 대입수능시험이라고 할 수 있는 SAT점수를 대학입학 결정시 10~15%정도를 참조하는 이유는 SAT점수가 대학 졸업 후의 취업 등 대학교육의 성공지수 예측에 딱 그 정도만 기여하기 때문이다. 그래서 최근에는 아예 SAT점수를 요구하지 않는 대학들이 늘어나고 있는 형편이다. 그래도 SAT는 80년 동안 미국의 대표적인 대입 수능시험으로 사용되면서 매년 그 타당도와 신뢰도를 검토하고 수정해 온 신뢰할만한 시험이다.

반면 한국 대입수능시험은 매년 그 출제위원이 바뀌고 문제도 바뀌니 내용이나 난이도 등에서 일관성을 의심할 수밖에 없다. 매년 수능시험이 끝나면 시험이 너무 어려웠거나 쉬워서 학생들이 지원 대학을 결정하는데 혼란을 겪는 일이 바로 현재 한국 수능시험제도의 문제점을 잘 지적해 주는 것이다. 한마디로 현재 수능시험은 타당도와 신뢰도를 충분히 측정할 수 없다. 과연 수능 출제위원들이 대학에서 공부하게 될 교과내용과 수능이란 지적 능력의 상관관계를 객관적이고 신뢰할 수 있도록 심리적 측정지표를 만들고 그 지표를 기준으로 시험문제를 제출하는지 궁금하지 않을 수 없다. 예상컨대 그럴 시간도 비용도 인력도 충분치 않다.

대입수학능력시험의 목적이 말 그대로 '수능'이라면 학생들이 대학에 입학한 후 성공적으로 공부할 수 있는 지적 능력을 측정해야 한다. 현재처럼 교과서 어디에서 문제를 내고 EBS방송 어디를 보면 시험에 나오고 하는 식의 시험문항 제출은 정말로 코미디 같은 일이다. 미국에서 80년 이상 대입 수능시험으로 사용되어 온 SAT를 다시 한 번 분석해 보자.

미국에는 수천 개의 다양한 고등학교가 있는데 각 고등학교 간의 교육과정 내용과 교육의 질이 엄청나게 다르다. 한국과는 달리 워낙 큰 나라인데다가 그 인종적 구성이나 사람들의 문화적 배경이 다양하고 지역에 따라 경제 환경이 크게 다르기 때문에 어디 하나를 기준으로 삼을 수가 없다. 각 주마다 그리고 주 안의 각 교육구마다 교과과정이 다르고 교과서도 다르다.

보다 구체적인 예를 들면 특수 영재고등학교나 부자 동네의 학교에서는 고등학생들이 미적분, 선형대수, 통계학 같은 대학 수준의 수학을 공부하지만 가난한 산간벽지의 학생들은 고등학교를 졸업할 때까지 일반대수나 기하 이상을 배울 기회조차 없다. 따라서 SAT는 수학 분야에서 일반대수와 기하 이상의 수학 실력이 필요한 문제들을 포함하지 않는다. 일반적인 기하 지식에 대한 문제를 포함시킨 것도 겨우 몇 년 전의 일이다. 그렇다고 미리 대학 수준의 수학과목을 수강한 고등학생들이 SAT 수학 분야에서 모두 만점을 받지도 못한다. 왜냐하면 SAT 수학은 수험자의 현재 지식이나 실력보다 대학에서 수학 분야를 공부하기 위한 기본 능력을 측정하는데 근본 목적이 있기 때문이다. 일반 수준의 대수나 기하를 공부했더라도 수학적 기본 능력이 우수한 학생들은 대학 수준 과목을 수강한 학생들보다 더 높은 점수를 받을 수 있다.

다시 말하면 SAT는 대학에서 학습할 수 있는 기본 능력을 측정하는 말 그대로 수학능력시험인 것이다. 반면 한국의 대입수능시험은 '수능'이기보다는 고등학교 3학년 학생들의 현재 실력을 측정하는 성취도 평가에 가깝다. 현재로선 아무리 수학적인 재능이 뛰어나도 별도로 보충하여 집중훈련을 하지 않으면 우수한 점수를 받을 수 없다. 많은 학생들이 수능시험에서 우수한 성적을 받고 대학에 들어가도 대학수업을 제대로 따라가지 못하는 이유가 바로 이런 문제 때문이다. 따라서 한국의 수능시험은 성취도 평가가 아닌 진정한 의미의 '수능'시험으로 바뀌어야 하고 이는 당연히 고등학교 교육과정에 반영되어야 한다.

2. 수능시험 문제를 위한 전문기구 설립이 필요하다.

미국의 SAT는 지난 80년 동안 매년 몇 차례씩 그동안 수백 번에 걸쳐 실시되어 왔지만, 지금도 문제뱅크를 확장하고 보강시키기 위해서 매번 시험이 치러질 때마다 새로운 문제들을 개발하거나 기존 문제들을 개선한다. 이렇게 타당성 있고 신뢰도 높은 수능문제를 개발하고 개선하기 위해서는 측정과 평가 전문 인력들의 끊임없는 연구 노력이 뒷받침되어야 한다. 한국이 현재처럼 매년 출제위원을 선정하고 그들로 하여금 새로운 문제를 출제케 함으로써 문제의 내용이나 형식, 그리고 난이도와 분별력 등이 계속 바뀌는 제도 속에서는 타당성 있고 신뢰성 있는 수능시험은 불가능하다.

대부분의 학부모나 학생들은 측정 평가에 대한 전문지식이 없기 때문에 이런 상황을 잘 모를 수밖에 없다. 결론적으로 현재 한국의 수능시스템이 맘에 안 들고 싫으면 다른 나라 대학으로 떠날 수밖에 없다. 이제 평가측정의 전문지식을 갖고 있는 연구자들이나 교수들은 학문적 사회적 책임을 더 이상 기피하거나 외면하지 말고 현 수능시험의 문제점들을 보다 구체적으로 지적하고 개선할 수 있는 정책적 기술적 대안을 내놓아야 한다. 우리나라도 교육과정평가원 외에 미국의 ETS (Educational Testing Services, Inc.)와 같은 다양한 전문시험 문제를 개발하는 기구를 만들어 장기적인 연구개발에 착수해야 한다. 타당성 있고 신뢰할 수 있는 수능시험문제의 충분한 문제 풀을 개발하기 위해서는 집중적이고 장기적인 노력이 필요하다.

미국 고등학생들은 SAT시험을 여러 차례 보아 그 중 가장 높은 점수를 입학전형 시 사용한다. 하지만 여러 번 시험을 보아도 매번 다른 문항들인 시험인데도 불구하고 점수가 상당히 유사하게 나온다. 물론 6개월 이상을 두고 시험을 본다면 그동안 시험공부를 한 결과에 따라 점수가 다소 다를 수 있겠지만, 대체적으로 타당도와 난이도가 거의 같을 정도로 그 시험간의 신뢰도가 아주 높다. 미국 고등학생들이 10학년부터 SAT준비에 들어가 12학년 1학기까지 수차례에 걸쳐 시험을 보고 가장 높은 점수를 선택하는 것에 비교하면, 단 한 번의 수능시험으로 12년 이상 공부한 결과를 평가하는 한국의 대입수능시험제도는 학생들에게 너무 가혹하다. 다시 보려면 1년을 기다려야 한다. 한국의 수능도 1년에 몇 차례 보게 하면 좋겠지만 미국의 SAT처럼 몇 번을 치러도 시험 간의 신뢰도가 거의 일치하는 수능시험을 개발하기 전까지는 실제적으로 불가능한 일이다. 신뢰도와 난이도가 다른 두 시험 간의 점수를 서로 비교할 수가 없기 때문이다.

따라서 학생들에게 대학에 진학해서 성공적으로 공부할 수 있는 능력을 측정할 수 있는 명실상부한 수능시험을 준비할 수 있을 때까지는 수능시험대신 학업성취도를 측정하는 시험이 오히려 낳을지도 모른다. 학업성취도 시험을 분기별로 일 년에 4차례 정도 실시하고 그 중 높은 세 개의 평균점수를 입학 결정 시 반영하도록 하는 것이 한 번의 시험점수만을 사용하는 것보다 훨씬 신뢰성이 높고 공평한 평가방법이 될 수도 있다. 어쨌든 간에 고등학교 3학년 교실은 일년 내내 입시체제이므로 11월에 수능시험을 한 번 치르나 분기별로 4번의 학업성취도 시험을 치르나 결국 마찬가지일 것이다.

사교육을 걱정할지 모르지만, 오히려 시험이 잦으면 학생들은 시험을 담담하게 대할 수 있다. 네 번의 시험 중 세 개의 점수만을 입학서류전형 시 사용함으로서 한 번의 실수나 불가피한 사정을 피해 가게 할 수 있다. 수능과 내신을 통합한 형태일 수도 있다. 우리나라처럼 온라인 학습과 EBS방송이 전국에서 시청 가능한 상황이라면 전국의 어느 고등학교를 다녀도 고3 수준의 학습 성취도 시험을 보는데 사교육 없이도 준비가 가능할 것이다.

3. 내신 성적은 더 많이 반영해도 된다.

미국 대학들은 고등학교 내신 및 수능성적이 대학 성적과 어떤 상관관계가 있는지 자체적으로 연구하여 그 결과를 토대로 입학 심사 기준을 결정한다. SAT 점수를 비롯해서 각종 시험점수, 과외활동, 에세이, 특기, 추천서, 가정환경 등 많은 요소들을 참고한다. 이 중 가장 중요한 요소는 고등학교 때 내신 성적이다. 각 대학마다 그 참고 비율과 방법이 다르긴 하지만 대부분 고등학교 성적을 50% 이상 참고하는 것으로 알려져 있다. 그만큼 고등학교 성적은 대학에서의 성공적인 학업을 예측하는데 중요한 요소이다.

고등학교 성적을 평가할 때 단순히 전체 평균만 보는 것이 아니라 선택한 과목, 과목별 난이도, 학년별로 성적이 어떻게 향상되었는지 등을 참고한다. 어떤 대학들은 자체 기준에 따라 지원 학생들의 고등학교 성적을 다시 산출하거나, 출신 고등학교의 전체 학생 점수 분포 데이터를 요청하기도 한다. 각 대학이 내신 성적 평가 시 출신 고등학교의 등급을 어떻게 반영할 것인지는 대학이 자체적으로 결정한다. 지원자들에 대한 입학을 어떻게 결정하는지는 공개된 기준이 아니라 대학 자체의 내부 절차에 따른다. 일단 지원자가 제출한 모든 내용들을 종합적으로 개별 지원자마다 평가하기 때문에 뚜렷한 심사 기준은 절대 공개되지 않는다.

또한 그 기준을 공개하라고 항의 하는 사람도 없다. 그만큼 대학 자체의 주관적인 평가과정을 모든 지원자들이 신뢰한다. 한국처럼 입시가 한번 끝날 때 마다 공개하라 마라하고 전국이 떠들썩하지 않는다. 한 예로 캐나다로 고등학교 때 이민 간 학생은 10학년이 끝날 때까지도 학과 평균점수가 70점대에서 머물다가 11학년 때 정신 차려 평균 90점대 이상을 받음으로서 아주 우수한 대학에 입학하는 결과를 낳았다. 짧은 시간에 뛰어난 의지력과 지구력을 보여 준 그 학생의 능력을 대학이 인정한 것이다. 결국 대학은 그 정도의 의지라면 자기 대학에 와서 충분히 성공적으로 졸업할 수 있다고 판단한 것이다.

또한 가정이 부유한 학생의 내신 성적과 가난한 학생의 내신 성적은 달리 판단해야 한다. 어려운 가정환경 속에서 부유한 학생들처럼 학원교육도 받지 못하고 혼자서 공부한 학생들의 성적을 부유한 학생들의 성적과 직접적으로 비교 평가해서는 안 된다. 내신 성적이 대학에 입학한 후 성공적으로 대학 공부를 할 수 있는지 측정 자료로 사용된다면, 가난한 학생의 성적이 부유한 학생의 성적보다 다소 부족하더라도 대학에서의 수능 잠재력은 더 높을 수도 있다. 미국은 한 학년에 분기별로 4번의 학교 성적이 나온다. 한번 성적이 나올 때 마다 과목별로 학생들이 제출한 과제, 주간별 숙제, 출석, 퀴즈시험, 정규시험 등 매일매일 어떻게 열심히 학교생활을 했는지 적나라하게 드러난다. 우리처럼 학기 중에 두 번뿐인 중간고사와 학기말 고사에 목을 매지 않아도 된다.

학교 내신 성적을 보면 그 학생의 생활상이 눈에 확 들어와야 한다. 한국에서 미국 학교로 갓 전학 온 학생들의 대학 성공담이 많은 이유도 매일매일 성실한 학교생활을 통해 내신 성적을 점차 올려가기 때문에 가능한 것이다. 이렇게 내신 성적을 제대로 관리하고 평가하기 위해서는 과목담당 교사들이 정말 많은 노력을 해야 한다. 미국 학교는 학생들 개인의 과제물 및 숙제검사, 시험성적 처리 등 교사업무가 상당히 많다. 하지만 그 어떤 교사도 이런 시스템에서 피해갈 수 없다. 학교는 학생들의 매일매일 생활에 책임을 져야 하며 그 가운데 교사와 학생이 함께 서 있기 때문이다.

미국에서는 하루라도 학교를 빠지면 학생 개인의 손해가 막심하다. 몇 일 학교를 빠져도 수업에 지장이 없다는 우리나라 학생들의 통계조사는 시사 하는 바가 크다. 한 마디로 학교 내신 성적을 신뢰하기가 어렵다는 것이다. 그러니 누가 학교 내신 성적을 위해 학교 수업을 열심히 듣겠으며 교사를 신뢰하고 따르겠는가. 수능과 더불어 학교 내신 성적을 산출하는 시스템 자체의 새로운 접근이 필요하다. 7차교육과정으로 수행평가가 있지만 그것이 허울 좋은 개살구라는 것을 모르는 교사와 학생, 학부모가 없기 때문이다.

4. 학생을 다 각도로 평가해야 한다.

2007년 미국 아이비리그대학 입학 선발에서는 가정 형편이 어려운 학생들이나 흑인, 히스패닉 등의 소수 민족 선발을 특히 고려했다는 결과가 언론에 소개되었다. 매년 그래왔듯이 상대적으로 미국에 있는 아시아계 학생들은 불이익을 감당해야 했다. 원래 교육열이 높고 이민 후 악착같이 일해서 경제적으로 넉넉한 한국, 중국계 학생들이 높은 성적을 보임에도 미국 명문대학으로부터 특별한 흥미를 끌지 못한 것이다. 이는 미국 대학들이 가난하고 소외된 계층 사람들에게 보다 많은 대학교육의 기회를 제공함으로써 그들의 사회적 경제적 진출을 도와야 된다는 대학 본연의 사회적 책임의식을 크게 반영한 결과이다.

시험전형점수와 학교성적이 약간 부족해도 가정 형편이 어려운 학생들이 부유한 가정의 학생들보다 쉽게 입학허가를 받은 것이다. 한국 대학의 지역균형선발이나 농어촌 특별전형등과 비슷한 개념이다. 이런 프로그램은 소외된 계층의 학생들에게 특혜를 준다기보다는 모든 국민들이 똑같은 의료 혜택을 제공받아야 하는 것처럼 대학교육의 기회도 모든 국민들에게 공정하게 제공되어야 한다는 복지 차원의 개념으로 생각해야 한다. 교육도 민주국가의 국민이라면 누구나 공평하게 보장받아야 할 기본 권리이기 때문이다.

그러나 불행하게도 사교육이 공교육을 지배하는 한국 풍토 속에서, 그것도 강남 같은 부유층이 살고 있는 지역의 학생들이 누릴 수 있는 여러 가지 혜택 때문에, 상대적으로 소외된 어려운 가정 형편의 학생들은 본인의 의지와 관계 없이 시작부터 기회를 박탈당하고 있다. 부유층 가정 출신 학생들의 점수를 삭감하거나 소외된 계층 학생들의 점수를 올리라는 얘기가 아니다. 산을 올라가는데, 길이 있어서 차를 타고 정상까지 올라갈 수 있는 사람과 처음부터 걸어서 산을 올라가는 사람을 맞비교해서는 안 된다는 논리이다. 일정 비율은 어려운 상황에서 공부하는 학생들을 고려하고 이들 계층이 교육을 통해 희망을 가질 수 있는 사잇길을 틔워 주어야 한다. 모두가 더불어 사는 사회를 만드는 것이 선진국으로 가는 지름길이다.

미국 대학들은 입학전형 시 학생들의 과외활동을 크게 참조한다. 이것은 학교성적이나 시험점수에 나타나지 않지만 성공적인 대학생활과 사회적 진출을 예측할 수 있는 중요한 요소가 되기 때문이다. 고등학교 때에는 그다지 우수하지 못했지만 대학에 들어와서 열심히 공부하여 우수한 성적으로 졸업하거나, 사회에 나가서는 학창시절 자기보다 우수했던 학생들을 제치고 성공하는 자질을 미리 찾아내려고 노력하는 것이다.

이런 잠재력 있는 학생들을 놓치지 않고 가려내기 위해서 미국 대학들은 지원 학생들의 성품, 재능 그리고 흥미 등을 철저히 평가한다. 대학들은 지원 서류상에 나타난 과외활동 등을 평가할 때 단순히 대학입학을 위해서 한 활동인지 아니면 진정한 흥미와 의미를 갖고 스스로 참여한 것인지를 구분하는데 많은 신경을 쓴다. 이 부분이 한국 대학들이 입시에서 간과하는 항목들이다. 학생이 참여한 운동이나 과외활동을 지도한 사람들로부터의 추천서, 그리고 학생 자신의 흥미나 가치관을 이해하는데 도움 되는 에세이 등은 학생의 잠재력을 평가하는데 아주 긴요하다.

또한 객관적인 숫자로 재기 어려운 학생의 질을 평가하는 방법이기도 하다. 물론 추천서를 써주는 선생님들이나 대학

입학 사정관이나 모두 객관적인 입장에서 주어진 원칙에 따라 공정하게 학생을 평가해야 하는 것은 기본이다. 이 모든 절차에 대하여 신뢰성를 문제 삼아 이의를 제기하는 경우는 드물다. 그만큼 대학을 신뢰한다는 것이다.

2006년에 예일대학교에 재학 중인 중국계 여학생이 프린스턴대학교가 흑인과 남아메리카계 학생들에게 특혜를 주었기 때문에 본인 같은 아시안계 학생이 프린스턴대학교로부터 입학 허가를 받지 못했다고 연방교육부 인권실에 제소했다. 또 몇 년 전에는 미시간대학으로부터 입학 허가를 받지 못한 백인 학생이 소수민족 학생들의 입학을 위한 특혜 때문에 자신이 입학 허가를 받지 못했다고 법원에 제소하였다. 하지만 연방 대법원은 대학입학과정에서 인종 간의 비율에 의한 입학은 미국 헌법에 위배되나, 대학이 지원 학생의 개인적 자격을 평가하기 위해 인종을 비롯한 모든 개인적 배경을 참고하는 것은 합법적 이다는 판정을 내렸다.

결국 대학이 신입생들을 어떤 각도에서 어떻게 평가하여 스스로 명성을 쌓아 가고 명문대학으로 이어갈 것이지는 법에 위배되지 않는 테두리 안에서 철저히 대학 자체가 결정한다. 학생들이 대학을 고를 수 있는 선택권이 있는 것과 마찬가지로 대학은 학생들을 선정할 수 있는 권리를 행사하는 것이다. 남다른 노력을 통해 다방면으로 출중하게 연마한 학생이 있다면 당연히 대학으로부터 우대받아야 한다. 또 남들이 갖지 못한 특수 재능을 가졌거나 대학 캠퍼스생활에 의미 있는 공헌을 할 수 있는 학생을 대학이 선택하는 것은 당연한 것이다.

한국 대학들도 우수하면서도 다양한 학생들이 우선 선택될 수 있는 평가 제도를 만들어야 한다. 그저 그런 평균에 해당하는 다수를 위해 특수 분야에서 상위의 능력 넘치는 학생들에게 기회를 주지 못해서는 안 된다. 그리고 그런 학생들이 가난하기 때문에 제외되어서는 더욱 안 된다. 대학은 눈을 더욱 크게 뜨고 우수학생 선발을 위해 연구하고 실행에 옮겨야 한다. 정부가 이리저리 간섭할 일이 아니다.

5. 대학입학제도의 개혁은 점차적으로 이루어져야 한다.

대한민국의 중·고등학생 부모들은 항상 뉴스에 민감하다. 언제 대학입시제도가 또 바뀔지 모르기 때문이다. 대학입시는 국가 백년대계를 위한 정말 중요한 교육정책이다. 그래서 새로운 교육정책이 세워지면 계획한 대로 실행되고 관계된 모든 사람들에게 익숙해질 수 있도록 충분한 시간을 허락해야 한다. 이 과정에서 크고 작은 과도기적 문제들이 나타나기 마련이다. 특히 대학입시 같은 교육정책이 한번 세워지면 시행착오를 최소화 하도록 많은 고민과 연구를 거쳐 실행되어야 한다. 하지만 교육정책의 최고 책임자인 교육부 장관의 평균 임기가 일 년도 못되는 현실 속에서 대학입시가 정치인들이나 정책 책임자들의 업적을 남기기 위한 대상으로 이용되는 것을 쳐다보는 국민들은 입맛이 쓰지 않을 수 없다. 마치 항생제 남용처럼 자주 교육정책을 바꾸다 보니 대한민국에서는 그 어떤 좋은 교육정책도 쓸모가 없다는 조롱을 받게 되었다.

이제부터라도 연구결과에 기초한 교육정책과 정말 오래가는 입시 제도를 만들어야 한다. 실행상의 문제를 정책과 혼동하여 수도 없이 방향을 바꾸어 가면 혼란만 야기할 뿐이라는 것을 지난 역사를 통해서 충분히 경험했다. 한꺼번에 전국의 모든 대학 입학제도를 바꾸려하지 말고 한두 개의 대학을 선정하여 시범 실시하면서 그 결과에 따라 규모를 점진적으로 확대해 나갈 필요가 있다. 전국이 떠들썩하게 조변석개로 대입제도를 바꾸면 대한민국의 고등학생들은 점점 이 나라를 떠나고 싶어진다.

대학입시제도가 한번 바뀔 때 마다 초등학생들과 학부모들까지 우왕좌왕하는 딱한 모습을 국민들은 더 이상 보고 싶지 않다. 너무 자주 바뀌는 입시제도 때문에 사교육이 더욱 극성이고, 학부모들의 우려는 하늘을 찌른다. 불만에 불만이 쌓여 학부모라면 누구나 이 나라를 떠나고 싶은 생각을 하고 정치인들을 미워하며 서로가 서로를 원망한다. 토플시험 자체가 아니라 신청 방법에 문제가 있다고 외국어고등학교들이 입학시험체제를 바꾸고, 대학이 고등학교를 등급화 하였다고 이를 제자리로 돌리라고 난리를 치니 누가 누구를 믿고 어찌 내일을 예측하고 준비를 할 수 있겠는가. 교육은 예측이 가능해야 한다. 예측이 가능해야 준비를 할 수 있고 준비를 할 수 있어야 희망이 생긴다.

반면 예측이 불가능하면 준비가 불가능하고 희망도 갖기 힘들다. 희망이 없으면 아이들이 학교에 다니고 미래를 설계할 수가 없다. 매일 다니던 길이 하루 아침에 반대로 바뀌어 버리면 누가 쉽게 적응을 하겠는가 말이다. 절대적으로 대학입시제도가 과학적으로 연구된 결과 위에서 수립되고 수행되어야 할 필요가 여기에 있다. 우리나라처럼 국민들의 공동체 의식이 강할수록 더욱 과학적이고 투명해야 한다. 또 변화는 점차적으로 이루어져야 뿌리를 내리기가 쉽다. 우리 아이들이 제발 예측 가능한 교육환경 속에서 살았으면 좋겠다는 바람을 어디 학부모들만 갖겠는가. 경제만큼 교육도 빨리 선진국이 되었으면 정말 좋겠다. 그래야 힘들게 이룩해 놓은 경제를 더욱 발전시킬 수 있을 것이다.

III. 공교육을 살려보자

진짜 능력 있는 교사를 양성해야 한다

사교육은 인스턴트식품이다

초·중등학교 교육의 질을 획기적으로 향상시켜야 한다

학교의 다양성이 필요하다

학생 개인 수준에 따라 교육이 달라져야 한다

진짜 능력 있는 교사를 양성해야 한다

학습심리학의 대가였던 하버드대학의 스키너 교수는 학습과정을 이해하고 연구하는 것은 과학적인 학문이지만 아이들을 효과적으로 가르치는 교수방법은 경험을 통해서 터득하는 기술이고 예술이라고 했다. 많은 연구들이 학생들을 잘 가르치는 훌륭한 교사가 되기 위한 기본 조건은 이론적인 지식보다도 교실에서 쉽게 적용할 수 있는 학습운영 방법과 지도요령이라고 한다. 공교육이 사교육보다 우수하려면 교사들이 하루의 많은 시간을 학생들과 부닥치면서 마치 예술작품을 만들 듯 아이들을 능력 있는 학습자로 만들어 가는 과정이 필수적이다. 학교교육이 단지 지식만 전달하고, 외우기 시합만 한다면 더 이상 학교로서의 책임을 상실한 것이며, 학생과 학부모는 학교에 기대할 것이 하나도 없어진다. 당연히 교육적 욕구가 사교육으로 흘러갈 수밖에 없는 것이다.

예체능 교육이, 학과 보충수업이, 영재교육이 전부 사교육으로 채워지고 있는 현실을 우리는 목격하고 있다. 참으로 안타까운 현실이다. 자격증 있는 학교 교사가 자격증도 없는 학원 강사보다 못하다는 학부모들의 평가를 받는 이상 이 땅의 학교교육은 제자리에 서기가 참으로 요원할 수밖에 없다. 가끔 언론에 공개되는 기가 막히게 성공적인 지방 학교들에서 우리는 학교가 제자리 서기를 하는 좋은 사례를 찾아볼 수 있다. 이들 학교 교사들의 피나는 노력과 학생들의 호응은 어떻게 해야 사교육이 공교육을 넘보지 못하게 할 수 있을지 정답을 주고 있다.

미국에서 발표된 <무엇이 우수 교사의 자질을 판단하는지>에 대한 연구결과에 의하면 우수한 교사의 능력이 대학성적, 교사자격 시험성적, 기본 지능 등과 크게 관계가 없는 것으로 나타났다. 교직에 대한 열의와 정성, 인내심을 가지고 꾸준히 가르치는가 하는 교사로써의 기본 자질과 교실에서 일어나는 문제들을 해결할 수 있는 능력이 우수 교사를 결정하는 중요 요인들로 밝혀졌다. 이런 연구결과는 우리의 교육대학과 사범대학의 교육과정을 다시 한 번 돌아보게 한다. 이론 중심의, 외우기 중심의 교사 교육과정이 우리의 교육경쟁력을 키울 수 있을지 잘 생각해 보아야 한다.

미국 교육대학들은 교사 후보생들을 가르칠 교수를 채용할 때 초·중·고등학교 교사 경험을 먼저 요구한다. 교실 현장에서의 경험 없이 실용적인 교수방법과 기술을 교사 후보생들에게 제대로 교육시킬 수 없다고 판단하기 때문이다. 우리나라 사범대학과 교육대학은 교수들의 초·중·고등학교 현장 교육경험은 거의 고려치 않고 학문적인 지식만을 강조한다. 그래서 교수들은 학교와 교실 안에서 일어나는 실제 문제들보다 추상적인 교육이론에 더욱 관심을 쏟는다. 특히 교사들이 주로 다니는 교육대학원의 수업 내용은 항상 현장과 동떨어져있다는 평가를 받아오고 있다.

교사 자격증 시험을 위해 교육대학 및 사범대학 학생들은 준비 학원에서 하루 종일 외우기 시험 준비를 한다. 시험에 떨어지면 재수와 삼수를 위해 수많은 책을 싸들고 아예 고시원으로 들어가기도 한다. 시험에 통과되어 임용이 되어도 과연 매일매일 부닥치는 학생들의 문제를 얼마나 잘 해결할 수 있을지 강한 의심이 갈 수 밖에 없다. 교육학 관련 전공 교수들은 학교와 교실 안에서 일어나는 현실적인 문제나 이슈들 보다 이론에 대한 연구를, 교사들은 교실현장에서 필요한 기술과 능력의 터득보다 이론적인 내용만을 외우게 하는 현실에서 왜 공교육이 사교육과의 싸움에서 패할 수밖에 없는지에 대한 슬픈 자화상을 볼 수 있다.

이는 마치 축구공을 한 번도 차보지도 못한 사람들이 축구를 이론으로 공부하고 축구선수들의 코치 노릇을 하고 있는 것과 마찬가지인 것이다. 이제라도 교육대학, 사범대학의 커리큐럼은 교실 현장의 실용적 가치를 근본으로 재구성할 필요가 있다. 단지 임용고사만 3차에 걸쳐 전문지식 및 현장 수업 능력, 교사로서의 적성을 시험 볼 것이 아니라 그들이 대학에서 배우는 내용부터 확 바꿔어야 한다. 교생실습 기간도 팍 늘려야 한다, 학교 교사들이 학원 강사보다 우수하고 능력 있어야 학생과 학부모들이 학교에 더욱 관심을 가지고 사교육을 우습게 볼 것이다.

사교육은 인스턴트 식품이다

대한민국의 사교육 열기는 이제 전 세계적으로 유명해졌다. 학생들도 시달리지만 학부모들의 경제적 부담은 이루 말하기 힘들 정도이다. 식비를 아껴가며 사교육비를 지출하고 학원비를 위한 엄마 아르바이트도 유행이다. 그런데 이렇게 비용과 시간을 투자하여 과연 무엇을 얼마큼 얻을 수 있을까. 사실 지나친 사교육은 아이들에게 삐딱한 교육목적과 가치를 심어 주게 된다.

학생들이 대학입시를 위해 준비하는 시간과 노력은 장차 사회생활을 영위하는데 필요한 능력을 배양하는 시간이다. 그런데 그런 능력이 학원선생님들의 요령만으로 채워지게 된다면 아이들은 사회생활을 하면서도 누군가 요령을 가르쳐 주는 코치가 필요하게 된다. 잘못하면 아이들의 전체 인생이 요령으로 채워질 수 있다. 이것은 학생 본인 및 부모 그 누구도 바라지 않은 결과일 것이다.

또 수 년 동안 사교육에 지쳐버린 아이들은 대학입학이 결정됨과 동시에 해방감을 맛본다. 그리고는 더 이상 공부해야 할 동기와 저력을 잊어버리게 된다. OECD가 2003년도 실시한 학력 평가시험에서 한국 학생들의 점수는 세계 최상위권이지만 학습 동기와 흥미는 최하위권인 것이 이를 입증한다.

미국의 한 연구결과는 초등학교 일학년 학생은 하루에 10분 정도의 방과 후 학습이 적당하고 학년이 하나씩 올라갈수록 약 10분정도 더 방과 후 수업을 하는 것이 지적, 정서적, 신체적 균형 있는 발달을 위해서 바람직하다고 밝혔다. 다시 말하면, 일학년 학생은 10분, 6학년 학생은 60분, 고등학교 3학년 학생은 120분 정도의 방과 후 숙제가 적당하다는 것이다. 그 이상이 되면 학생들의 정신적인 건강과 신체적 발달, 그리고 학습동기 유지에 부정적인 결과를 줄 수 있다.

현재 한국의 초·중·고등학교 학생들이 학교 공부 외의 사교육을 위해서 하루 평균 몇 시간을 소비하고 있는지를 보면 학생들의 정신건강 및 신체건강, 그리고 내적 학습동기에 얼마나 심각한 영향을 미치고 있는지 짐작할 수 있다. 당장 대학입시라는 눈앞의 문제 해결을 위해서 한국 학생들이 참고 있는 희생이 과연 얼마를 더 버틸 수 있을까? 우리 모두 어린 학생들의 삶을 심각하게 다시 생각해야 할 문제이다. 정신적 신체적으로 부작용이 생기는 학생들이 많아지면 이 또한 나라 전체가 떠안아야 할 사회문제가 되기 때문이다.

이제 대학입시 준비를 목적으로 하는 지식 습득 위주의 교육으로부터 벗어나서 21세기 글로벌시대에 필요로 하는 비판적 사고력과 창의력 같은 기초 능력을 학교에서 강조해야 한다. 또 그런 능력을 흥미 있고 실용적인 방법으로 교육시킬 수 있어야 한다. 물론 그런 능력은 신뢰할 수 있는 방법으로 평가 되어 대학입시에 크게 반영되어야 한다. 초등학교와 중학교를 노는지 공부하는지 모르면서 다니던 미국 아이들이 대학교에 가서 지치지 않고 무섭게 공부하고, 졸업 후 취업해서는 학교에서 공부한 지식과 기술을 현실 문제해결에 기막히게 활용할 줄 아는 노하우를 우리는 자세하게 눈여겨보고 배워야 한다.

초·중등학교 교육의 질을 획기적으로 향상시켜야 한다

우리나라 공교육, 즉 학교가 제 위치에 서 있지 못하다는 것은 대한민국 국민 누구나 공감하는 내용이다. 학교에서 종일 공부를 하고도 학교 끝나기가 무섭게 학원으로 달려가야 하는 아이들의 고달픈 생활이 학교가 제구실을 못하고 있는 현실을 그대로 말해 준다. 진짜 공부는 학원에서 배운다고 생각하니 아이들에게 학교에 머무는 시간은 하루 중에서 가장 편안한 휴식시간이다. 공부보다는 친구들과 놀면서 떠들 수 있는 유일한 곳이 학교이다. 그런가 하면 친구들과 함께 즐겁게 배우고 생활해야 할 학교에서 따돌리기와 폭력에 시달리기도 한다.

선생님들의 67%가 자신의 아이들을 학원에 보내고, 선생님들이 사적인 모임에서 학교를 너무 믿지 말라고 자신 있게 말하는 현실이다. 우수한 학교 교사가 얼마 지나면 유명학원의 강사가 되어 있고, 전국구 유명 강사들에게 강의 한번 들어보려고 돈을 싸들고 따라다녀도 시간 한번 맞추기가 하늘의 별따기처럼 되어 버렸다. 이 정도면 그 누구도 학교에 대한 기대가 생길 수 없다. 2003년도 OECD조사결과 한국은 OECD국가 중에서 학교를 빠져도 수업에 큰 지장이 없다고 대답한 학생들이 가장 많은 나라로 밝혀졌다.

학교교육에 대한 학생들의 기대가 이미 바닥에 떨어졌다는 사실을 전 세계에 밝힌 것이다. 이렇게 학원이 학교교육을 지배하는 상황 속에서 학교는 왜 다녀야 할까? 아마 학원이 학교와 마찬가지로 정부가 인정하는 졸업을 준다면 학교를 선택할 학생들이 하나도 없을 것이다. 그럼 반대로, 학교가 학원처럼 학생들과 부모들이 원하는 만큼 공부를 잘 시켜주면 어떤 결과가 나올까?

1. 능력별 학급 편성을 실시하라.

학교 교사들이 학생들을 효율적으로 가르칠 수 없는 가장 큰 장애 요소 중의 하나는 많은 학생들, 그것도 실력과 능력의 차이가 크게 다른 학생들을 한 학급 속에서 함께 가르쳐야 되는 환경적 제한이다. 실력과 능력이 다른 학생들을 한 교실 안에서 함께 똑같은 내용과 속도로 가르친다는 것은 뛰어난 학생들에게는 시간 낭비이고 쳐지는 학생들에게는 배울 기회를 놓치게 하는 것이다. 많은 미국 학교들은 같은 학년 같은 과목이라도 보통반 이 외에 영재반(Gifted & Talented Class), 우수반(Honor Class), 심화반(Advance Program) 등을 만들어 학생들이 능력과 수준에 맞는 수업을 받을 수 있다.

또 많은 학교가 우수한 학생들이 과목별 월반을 할 수 있도록 허용한다. 따라서 초·중·고등학교에서 우수한 아래 학년 학생이 한두 학년 위의 학생들과 같은 반에서 공부하는 것을 흔히 볼 수 있다. 이렇게 한국에서도 우월 반을 만들어 학생들의 능력과 실력에 알맞은 교육을 시켜야 한다. 능력에 따라 월반도 허용해야 한다. 학년에 의해서가 아니라 학생 능력에 따른 우월반을 운영하기 위해서는 선생님들이 학생들이 앉아 기다리는 교실을 찾아가지 않고 학생들이 선생님을 찾아가는 이동식 수업제도가 필요하다. 앞으로 학생 수도 줄기 때문에 교실도 넉넉해진다. 더 이상 행정 편의적인 공급자 위주 교육은 누구에게나 어필하지 못한다.

2. 학급당 학생 수를 줄여라.

비싼 외국의 사립 고등학교들은 학급당 평균 학생 수를 가장 먼저 내세운다. 학급당 학생 수가 적으면 학업성적이 올라간다는 연구결과가 있는데, 외국에서도 공립학교가 사립학교를 따라가지 못하는 가장 근본적인 한계가 바로 이것이다. 교사들이 학생들을 효율적으로 지도하기 위해서는 학급당 학생 수가 평균 20명 내외여야 한다. 미국에서는 주마다 학급당 평균 학생 수가 대략 25명 정도이다. 한국에 비하면 상당히 적은 수임에도 불구하고 학급당 학생 수를 더 줄여야 한다는 논의가 활발하다. 학급당 학생 수를 줄인다는 것은 더 많은 교사와 시설을 필요로 하기 때문에 막대한 예산이 필요한 일이다.

사교육이 없는 미국에서 학부모와 학생이 믿을 것은 학교뿐이기 때문에 이런 이슈는 상당히 중요하며 모두의 관심사이다. 만약 한국에서도 학급당 학생 수를 30명 이내로 줄임으로써 학교가 제 기능과 역할을 제대로 수행할 수게 된다면, 그래서 학부모들이 학원비를 감당하지 않아도 된다면 기쁜 마음으로 좀 더 많은 교육세를 부담할 수 있을 것이다. 학교가 제 기능을 되찾는데 필요한 교육세 인상이 사교육비보다 훨씬 적을 뿐 더러 학생들도 학원이 필요 없는 학교교육을 환영할 것이다. 어린 학생들이 학원 버스에 지친 몸을 기대고 밤 10시가 넘도록 이 학원 저 학원 배회하는 모습을 우리 모두는 보고 싶지 않다.

3. 교사의 질을 높여라.

학교교육의 질을 결정하는데 가장 중요한 것은 교사의 질이다. 한국의 교사들은 수준이 높다. 사범대학이나 교육대학 입학에서부터 교사 자격시험에 이르기까지 교사 자격증을 얻기 위해 거쳐야 될 과정과 경쟁이 그들의 지적 능력을 말해 주고 있다. 이것이 미국의 교사들과 크게 다른 것 중의 하나다. 미국 대학을 수준에 따라 상·중·하의 세 그룹으로 나누었을 때 미국 교사들은 70%이상이 하위그룹 출신이다. 그래서 수준 높은 교사 모집과 교사 교육은 항상 미국 교육정책의 중요한 이슈거리이다.

그러나 일반적으로 미국 교사의 질이 미국 학생들의 낮은 학업성취에 결정적인 원인이라고 보지 않는다. 왜냐하면 그들이 상대적적인 지적 능력은 좀 떨어져도 교사로써의 자질은 잘 갖추었다고 믿기 때문이다. 다시 말해 미국 대학들의 교사 양성과 연수 프로그램, 그리고 재교육 프로그램들이 비교적 충실한 내용으로 잘 운영되고 있다는 뜻이다.

무엇보다 중요한 것은 미국 교사들은 단순히 직업으로 교사가 된 것이 아니라 교사라는 직업이 좋아서 선택한 사람들이다. 따라서 그들은 교육 자체에 대한 높은 동기와 흥미, 그리고 사명감을 가지고 있다. 아무리 지적 능력이 높아도 학생들을 가르치는 일에 흥미와 동기가 약하고 사명감이 부족하다면 훌륭한 교사가 될 수 없다. 또 교사로서 자기 발전을 위한 노력도 게을리 할 수밖에 없다.

미국은 교사들에게 임용과 함께 정년을 보장해 주지 않는다. 실무 현장에서 몇 년간의 평가를 거쳐 자질을 인정받아야 정년을 보장해 준다. 수학, 과학, 컴퓨터와 같이 취업의 기회가 많은 분야는 자격 있는 교사의 확보가 어렵기 때문에 이런 제도가 제대로 활용되지 못하는 경우도 물론 있다. 또 어떤 주나 교육구에서는 매년 교사의 업무수행을 평가하고 그 결과에 기초하여 연봉의 인상을 조정한다.

또한 교사들에게 대학원이나 특수 연수프로그램의 참여를 장려하고 그 결과를 연봉 결정에 반영한다. 넘치게 우수한 인력들이 교사가 되길 희망하는 한국에서 자격 있는 교사의 확보는 전혀 문제가 되지 않는다. 우수한 능력을 가지고 있음에도 교사로서의 업무수행이 미흡하다면 미국처럼 조건부 정년 기간을 두고 교사로써의 자질이 부족한 교사들을 골라내야 한다. 많은 미국 교사들이 삼류대학 출신들임에도 그들 대부분이 교사로서 업무를 훌륭히 수행하고 있는 것은 지적 능력만이 훌륭한 교사 자질의 전부가 아니라는 것을 분명히 말해 주는 것이다.

미국 예비교사들은 매주 15시간 정도의 교실 강의와 학습지도, 10시간 정도의 학습지도 참관 및 교사 보조, 10시간 정도의 학습지도 프로그램 및 시험문제 제출, 그리고 5시간 정도의 기타 학생지도 및 행정관리 실습을 한 학기 정도 체계적인 교생실습을 받는다. 교사로 채용이 된 이후에도 충분한 경험을 쌓을 때까지 2~3년 동안 지도교사로 지정된 모범교사로부터 체계적인 실무교육을 받는다. 고작 4주 동안 교생실습을 하면 그만인 우리의 사정과는 크게 다르다. 아이들과 교육에 대한 흥미와 태도, 교수 능력, 그리고 교사로서 필요한 성품은 지적 능력보다 훨씬 더 중요한 교사의 자질인 것이다. 이런 자질은 실무 현장에서 평가 없이는 쉽게 옥석을 가려낼 수 없다.

학교의 다양성이 필요하다

대한민국에서 강남 학군을 모르는 사람은 없다. 단지 학교가 좋아서 만이 아니라 학원들 또한 유명하기 때문이다. 학원사업을 하는 사람들은 강남에서 성공하면 전국에서 성공할 수 있다고 장담할 정도이다. 부자 동네의 학교가 좋은 학군이라는 인식은 미국도 다르지 않다. 주민들이 내는 세금으로 학군 내 모든 학교가 운영되는 미국은 가난한 빈민가 학군이나 산간 시골 벽지 학군의 학교환경 및 시설, 교사의 자격과 질이 부자 동네 학군과는 하늘과 땅 차이를 보인다. 어떤 학군에는 제대로 된 교실조차 없는 학교도 있다. 학군 내 가구당 평균 수입이 10만 불 이상인 지역의 학교들은 넘치는 학교 시설과 교육 프로그램 뿐 아니라 장애아를 위한 특수 교육에서부터 영재교육에 이르기 까지 학생들의 모든 필요를 수용할 수 있다.

미국에도 과학고등학교 같은 특목고가 있다. 그러나 이런 특목고는 그 분야에 적성이 맞는 학생들이 가는 곳이므로 우리나라처럼 아무나 특목고에 가겠다고 초등학교 때부터 준비하는 학생들은 없다. 또 그런 특목고의 입학시험도 대부분 해당 분야의 적성과 능력을 테스트하고 중학교 내신 성적과 교사의 추천서 등을 크게 참조하기 때문에 따로 준비한다고 도움이 되지도 않는다. 미국에는 많은 종류의 사립학교가 있다. 그러나 거의 모든 사립학교는 자체만의 교육철학과 특성이 있기 때문에 대부분 그런 특성에 맞는 학생들이 지원하고 입학한다.

미국 교육부 통계에 의하면 2003년 기준으로 미국에는 약 512만 명의 학생들이 28,384개의 사립 초·중등학교에 다니고 있는데 이는 미국 전체 초·중등학생들의 약10퍼센트에 해당하는 숫자다. 이들 사립학교 중 약 68%가 기독교를 비롯한 종교 관련 학교들이고, 나머지 약 32%의 학교들은 종교와 무관한 학교 혹은 특수재능교육이나 특수교육 프로그램을 중심으로 운영된다. 미국 사립학교들은 유치원부터 고등학교까지 연계된 학교도 있고, 초등교육과정만 혹은 고등학교 과정만 있는 학교들도 있다.

모든 학교는 독특한 설립목적과 교육철학에 따라 운영되기 때문에 학생들은 그에 맞추어 입맛에 맞는 학교를 선택하게 된다. 사립학교는 기숙사 시설을 가지는 보딩학교와 통학을 하는 데이스쿨로 나누어지는데 이 또한 학생들의 선택 사항이다. 미국의 모든 공립 초·중·고등학교는 무료이지만 사립학교는 몇 천 불에서부터 몇 만 불에 이르기까지 등록금도 다양하다. 공립학교에서는 무료인 교과서와 스쿨버스도 사립학교에서는 돈을 내야 한다. 그럼에도 사립학교를 고집하는 학생과 학부모들에게는 대부분 종교적인 이유가 크다. 그들은 종교에 관한 교육을 법적으로 금하고 있는 공립학교 대신 사립학교를 선택한다.

미국에는 백년이 넘는 오랜 전통을 가지고 명문 사립으로 알려진 학교들이 많이 있는데 이런 학교들은 대부분이 사회적 봉사나 전인적 인격발달 같은 전통적인 교육관 위에서 학생들의 가치관 교육과 리더쉽, 그리고 도덕성을 비롯한 전인적인 성품교육을 강조한다. 또한 학생들을 기숙사 안에서 생활시키면서 교실 안에서의 교과교육으로 하루의 교육을 끝내지 않고 기숙사 안에서의 생활교육, 그리고 학교 밖에서의 봉사활동까지 포함시킨다. 오랜 전통을 가진 명문 사립학교 출신들의 학부모들은 자신의 아이들에게도 똑같은 교육을 시키기를 원하기 때문에 명문 가문의 자녀들이 그런 사립학교에 진학을 많이 한다. 아버지와 아들이 대통령이 된 부시 가문이 다니는 보딩스쿨과 케네디 대통령가의 자손들이 주로 다니는 사립학교가 그 좋은 예이다.

미국 대학입학 시 해당 대학은 지원 학생들의 정신적 유산(legacy) 즉 부모들의 출신대학을 비롯한 배경을 참조하는데 이런 명문 사립학교 학생들은 집안 내력 덕분에 명문대학에 쉽게 진학 하는 것이 눈에 안 보이는 명백한 사실이다. 한국 부모들이 이런 미국 명문 사립학교에 자녀를 보내면 명문대학 입학이 쉬울 것으로 생각하지만 사실 아무런 집안 배경 없이 명문 사립 고등학교에 진학하면 대학입시에서 배경 있는 집안의 동료 학생들과 경쟁을 하게 되어 오히려 불리해지는 사실을 잘 모른다. 미국의 명문대학들은 아무리 우수한 지원자가 많아도 같은 고등학교 출신 중 아주 제한된 수의 학생만을 입학시킨다. 이런 명문대학들의 입학 방침은 다양한 사회계층 그리고 지역출신의 학생들에게 균형 있게 교육의 기회를 제공하고 그들의 사회적 진출을 도와야 한다는 대학 자체의 사회적 책임의식에 기인한 것이다.

많은 부모들이 학생들에게 조금이라도 개인적인 관심을 더 주는 사립학교가 도움이 될 것으로 판단하여 비싼 사립학교를 선택한다. 또 특수한 재능이나 지적 신체적 장애를 가진 아이들을 둔 부모들이 공립학교의 특수교육에 만족할 수 없어 특정 사립학교를 선택하기도 한다. 이런 경우에는 소속 학군 교육구에 특수 교육비를 청구할 수 있다. 또한 남녀 공학인 공립학교가 마음에 들지 않거나 행동에 문제가 있는 아이들에게 정신훈련 강화를 위해 군사훈련 식으로 아이들을 교육시키는 학교에 보내는 부모들도 있다. 이렇게 다양한 이유로 미국 부모들은 아이들을 사립 초·중·고등학교에 보낸다.

그러나 한국처럼 명문대학 진학에 유리하려고 아이들을 사립학교에 보내는 경우는 거의 없다. 순수하게 사립학교가 제공하는 기본적 교육철학과 가치관 위에서 훌륭한 인격교육을 위해 사립학교에 보낸다. 사립학교 출신들이 대학에 진학하고 사회에 진출한 후 실제 어떤 공헌을 하고 있는지에 대한 분석조사는 찾아 볼 수 없지만 비례적으로 보아 사립학교 졸업생들이 공립학교 졸업자들 보다 미국 사회 여러 분야에서 지도적 역할을 많이 하고 있는 것은 사실이다.

미국이나 한국이나 전인교육을 위한 예체능 분야와 사회봉사활동 등 인간의 다양한 영역을 개발해 훌륭한 가치관을 형성하는 것은 중요한 교육 목표이다. 한국도 단지 대학입시 준비를 위한 것이 아니라 독특한 교육철학과 이념을 갖고 사회와 인류를 위해서 봉사하고 기여할 수 있는 지도자의 성품과 자질 교육을 강조하는 다양한 사립학교들을 많이 설립하고 육성해야 한다. 그래야 한국의 획일적인 교육이 다양화될 수 있다. 또 사립학교들은 미국의 사립학교들처럼 정부의 도움을 받지 않고 운영할 수 있는 재정적 능력을 확보해야 한다. 교육부가 나서서 특목고의 설립과 운영을 간섭하고 막을 일이 아니다. 정부의 통제와 간섭을 받지 않고 자체의 교육철학과 이념에 따라 특성 있는 교육을 할 수 있어야 교육 선진국이 된다.

학생 개인 수준에 따라 교육이 달라져야 한다

아이들은 태어날 때부터 생김새와 성격이 모두 다르다. 그리고 자라나면서 환경과 교육에 따라 개인별 수준이 더욱 달라진다. 하지만 학교는 학생들의 개별 특성을 그다지 고려하지 않는다. 하루 종일 학교에서 아이들은 자신에 맞추는 것이 아니라 선생님에 맞추어 공부를 한다. 넘치고 모자라는 아이들이 한 교실에서 수업을 하다 보니 선생님은 중간 수준에 맞추어야 한다. 그러다보니 대부분의 아이들이 학교에 만족하지 못하고 학교 밖의 학원으로 가게 된다. 그래서 학원에는 모든 과목의 영재반들이 판친다. 부모들은 학원에서 자신의 아이가 영재반에 속한 것이 자랑스럽다. 초등학생부터 특목고 준비를 하는 것도 영재교육이 욕심나기 때문이다. 영재교육이란 뛰어나게 우수한 아이들을 상대로 그들의 능력과 재능에 맞도록 교육 프로그램을 제공하는 것이다.

한국적인 관점에서 보면 미국 초·중·고등학교 교육 프로그램은 전부가 영재교육에 가깝다. 미국 학교는 수학, 영어, 과학 과목은 우열반을 만들어 학생 능력에 따라 분반을 선택하고 과목별 월반을 허용한다. 만약 초등 4학년 학생이 수학에 뛰어난 재능을 보인다면 곧바로 5학년 혹은 6학년 반으로 옮길 수 있다. 만약 학교 내에서 그 아이 능력에 맞는 과목을 제공할 수 없다면 인근 중학교나 고등학교에 가서 자신의 능력에 맞는 과목을 공부할 수 있다. 또한 특정 과목이나 분야에 뛰어난 고등학생들은 인근 대학에서 능력과 수준에 맞는 과목을 공부할 수 있다. 학생이 다른 학교로 옮겨 다니면서 공부할 때에 드는 비용과 인력은 모두 학교의 책임이다. 물론 조그만 학생이 커다란 학생들과 한반에서 수업을 할 때 느낄 수 있는 정서적인 위축감이 있지만 그렇다고 아이의 재능을 묵과하기 보다는 학생 개별적인 재능을 키워야 한다는 것이 미국 교육의 철학이다.

또 대부분의 고등학교에서 우수한 학생들은 AP(Advanced Plancement)라고 불리우는 대학 수준의 과목들을 선택할 수 있다. AP과목을 이수하고 전국적으로 실시되는 AP시험에서 일정 수준 이상의 점수를 받으면 대학에서 해당 과목의 학점을 취득한 것과 같이 인정한다. 그래서 함께 고등학교를 졸업하고 똑같은 대학에 진학을 하더라도 AP과목을 많이 이수한 학생은 3년 혹은 3년 반 만에 대학을 졸업할 수 있다.

미국 학교들은 이 외에 별도의 영재교육 프로그램을 운영한다. 지역별 영재센터를 통해 학생들은 아주 어릴 때부터 영재교육을 무상으로 받을 수 있다. 예를 들어 버지니아주의 패어팩스교육구는 유치원부터 중학교 2학년 학생까지 두 가지 다른 수준의 영재교육 프로그램을 운영하고 있다. 하나는 교육구 내에서 뛰어나게 우수한 학생들을 일반 학교에서 골라내어 별도의 영재학교에서 함께 모아 실시하는 영재센터 프로그램이고 또 하나는 학교별로 우수한 학생들을 일주일에 하루 혹은 몇 시간씩 한 학급에 모아서 실시하는 학교 내 영재 프로그램이 있다.

영재센터 학생 선발 기준은 각 교육구에 따라 다른데, 패어팩스처럼 경제적으로 부유하고 부모들의 교육 수준이 높은 학군에서는 영재교육 프로그램 대상자들이 넘치게 된다. 그래서 패어팩스학군의 선발 기준은 미국의 다른 학군에 비해 훨씬 높다. 대부분의 학군에서는 평균 아이큐 점수 130(Wechsler Intelligence Scale점수)이나132(Stanford-Binet IQ Test점수)면 충분한데 패어팩스는 140이 넘는 학생들만 영재센터에 입학이 가능하다. 그런데 몇 년 전 그 기준을 바꾸었다. 아이큐가 높은 학생도 공부에 대한 동기가 부족하면 영재센터 프로그램이 제공하는 혜택을 제대로 받을 수 없는 반면, 아이큐가 조금 낮다고 하더라도 동기가 충분하고 지도력 같은 다른 우수한 특성을 갖고 있다면 영재센터 프로그램의 혜택을 충분히 받을 수 있다고 판단하여 아이큐점수에 대한 기준을 낮추고 교사 추천서 같은 다른 자료들을 함께 참조하도록 했다.

패어팩스교육구가 이렇게 영재센터 프로그램의 자격조건을 바꾼 또 하나의 이유는 아이큐점수만을 기준으로 할 때 백인 이외의 소수민족계 학생들 비율이 아주 적게 되기 때문이다. 우수한 소수민족 학생들에게 우수한 백인 학생들과 함께 공부할 수 있는 기회를 최대한으로 보장해 주기 위한 미국 사회와 교육제도의 배려로 볼 수 있다. 패어패스교육구는 유치원에서부터 6학년까지 재학 중인 흑인과 남아메리카계 학생들 중 영재 프로그램에 입학할 수 있는 수를 증가시키기 위해 그들을 위한 방과 후 프로그램이나 여름 프로그램 등을 포함하는 특별과정도 운영하고 있다.

패어팩스학군에서 중학교까지 영재교육을 마친 많은 아이들은 희망에 따라 고등학교 영재교육 과정인 토마스재퍼슨(Thomas Jefferson:TJ)과학기술고등학교에 시험 전형을 통해 입학한다. 물론 일반 중학교를 마친 학생들도 TJ고등학교에 시험 응시를 할 수 있다. TJ는 SAT점수로만 선발하는 전국장학생을 가장 많이 배출하는 학교이다. 최근 패어팩스교육위원회는 흑인과 남미계 소수민족학생들의 TJ 입학율을 늘리기 위해 매년 400명 정원 외에 40명을 더 뽑도록 결정했다. 이렇게 가난하고 뒤로 처져 있는 계층의 우수한 아이들에게 영재교육의 기회를 제공해 주기 위해 미국의 정부와 학교들은 여러 가지 노력을 기울인다. 가난한 가정 출신이나 시골에 사는 학생들도 대도시의 부유한 학생들처럼 각종 영재교육 프로그램들과 특목고 입학 등에서 동등한 혜택을 받을 수 있는 것은 교육정책의 기본이어야 한다.

미국에서는 학교교육과정을 통해서 이루어지는 영재교육 외에 많은 종류의 영재교육 프로그램들이 여러 정부기관들과 대학 그리고 사설 단체에서도 이루어지고 있다. 예를 들면 각 주 정부는 분야별로 뛰어난 고등학생들을 골라 여름방학 동안 주지사 영재 프로그램을 무료로 운영하고 있다. 또 연방정부 보건청(NIH), 항공우주국(NASA), 국방성을 비롯한 각 부처의 연구개발기관들도 우수한 고등학생들에게 여름방학 동안, 또는 학기 중에 인턴으로 공부하고 일할 수 있는 기회를 제공해 주고 있다. 각 부처에서 근무하고 있는 박사급 연구원들을 멘토로 중요한 연구개발 프로젝트에 실제 참여하면서 공부할 수 있는 프로그램이다. 또 미국의 과학재단은 매년 여러 대학에서 수학과 엔지니어링 분야에 우수한 중·고등학생들을 선발하여 여름에 교육시킬 수 있도록 해당 분야 대학교수들에게 자금 지원을 해 준다. 많은 다른 대학들도 자체적으로 비슷한 프로그램들을 운영한다.

예를 들면 MIT공과대학에서는 수학, 공학 그리고 과학 분야에 뛰어난 학생들을 뽑아 여름 프로그램들을 운영하고 있다. 이공 분야에 우수한 여학생들만을 위한 비슷한 프로그램들도 있다. 이런 영재 프로그램들은 비싼 수업료를 받으며 대학에서 일반 고등학생들을 위해 운영하는 여름 프로그램들과는 성격이 다르다. 산업체에서도 여름방학 동안 고등학생들을 위한 프로그램들을 제공한다. 물론 초·중등학생들을 위한 영재 프로그램도 많다. 존스합킨스대학의 CTY(Center for Talented Youth)는 초·중·고등학생들을 위한 세계적으로 알려진 사설 영재교육 프로그램인데 많은 대학들이 비슷한 프로그램들을 운영한다. CTY는 여름 프로그램뿐 아니라 학기 중에도 수학이나 영어에 우수한 학생들을 뽑아 인터넷과 우편을 이용하여 과외 영재교육 프로그램을 운영한다. 사설 프로그램이기 때문에 학비가 비싸지만 가난한 학생들에게는 프로그램 자체에서 장학금을 지급한다. 이렇게 미국에서는 학교, 정부, 대학, 연구기관, 산업체가 총 망라되어 다양한 종류의 영재프로 교육을 하고 있다.

어려서부터 영재반에서 성장하고 수업을 받은 미국의 학생들은 아이비리그 같은 아주 우수한 대학에 입학해 계속해서 자신의 재능을 쌓고 결국 사회에 나가 우수 인력으로 활동하게 된다. 영재교육을 통해 자신의 적성을 파악하고 어떻게 사회생활을 해야 하는지 일찌감치 감을 잡기 때문에 가능한 일이다. OECD가 실시하는 국제학술시험에서 미국 학생들은 주요 과목에서 항상 최하위권에 처진다. 그렇지만 아직도 미국은 세계 어느 나라와도 비교할 수 없을 만큼 가장 우수하고 가장 많은 학문적 연구결과를 쏟아 내면서 계속 세계 기술산업을 주도하고 세계경제활동의 중추적 역할을 해 오고 있다. 학교, 정부, 대학, 연구개발기관, 사설기업체가 총망라하여 미래의 인재들을 길러내기 위해 다양하게 운영하고 있는 정규, 비정규 영재교육 프로그램들이 미국의 그런 거대한 힘을 계속 유지시켜 주고 축적시켜 주는데 일조를 하고 있는 것이다.

우리나라처럼 초등학교부터 모두 다 특목고 준비를 하고 고등학교에서는 모두 다 서울 및 수도권 소재의 대학입학을 최대 목표로 삼아 생활을 하다 보면 자신의 적성과 수준이 어떤지 전혀 감을 잡지 못한다. 대학에서도 취업 준비만 하느라 자신이 어디에 흥미가 있는지 파악할 시간조차도 없다. 초등학교부터 대학교까지 자신에 맞춘 교육이 아니라 남들에게 맞추어 교육을 받느라고 정작 학생 개인은 흥미도 동기도 모두 잃어버린 상태가 된다. 결국 개인을 위해서도 나라를 위해서도 일찌감치 부터 개인별 수준과 능력을 파악하여 나라의 우수 인력을 길러내야 한다. 우리나라도 지역별 대학에서 영재반 수업이 있지만 어느 학부모도 충분하다고 느끼지 못한다. 우리보다 한참 선진국도 이렇게 기를 쓰고 나라가 앞장서서 영재들을 길러내는데, 우리는 개인이 학원에 의존하고 몇 개 안 되는 특목고에 서로 들어가려고 전국이 들썩거리지 않는가. 그러니 결국 많은 우수 인재들을 미국 대학으로 뺏겨버리는 우를 범하게 되는 것이다. 짧게 보아도 길게 보아도 모두에게 엄청난 손해이다.

Ⅳ. 교육정책을 함부로 흔들지 말자

장기적인 교육정책이 필요하다

교육정책은 과학적이어야 한다

교육정책은 평가되고 그 결과는 책임져야 한다

대학교육정책은 국가 경쟁력의 핵심이다

장기적인 교육정책이 필요하다

교육정책은 한번 만들면 정착되는데 오랜 시간이 걸린다. 교육정책 실행에 조그만 문제가 생길 때마다 그에 대한 가벼운 대책이 계속 나오면 여러 가지 혼선만 생긴다. 새로운 정책이 나타나면 관련된 사람들은 바짝 긴장을 하기 마련이다. 그럼에도 불구하고 새로운 교육정책이 등장해도 사람들이 꿈쩍도 안 하는 이유는 분명하다. 곧 이어 또 다른 정책이 등장하기 때문에 당장 움직일 필요가 없기 때문이다. 이런 과정을 몇 번 반복하면 사람들은 해가 뜨고 지듯이 떠오르는 새 교육정책에 이골이 난다. 대학입시가 대표적인 조삼모사의 교육정책이다. 거기에 정치논리, 경제논리까지 합산을 한다.

이 땅의 대학입시생을 둔 학부모들은 자신의 대입을 위해 몇 년 동안 죽을 고생을 하고 나이 들어 자식들의 대입 때문에 또 생고생을 한다. 자식 수가 많으면 많을수록 고생하는 세월이 긴데, 누가 자식을 여럿 두고 싶겠는가? 학부모들은 자식 대학입시를 한번 치루고 나면 이 나라를 떠나고 싶은 마음이 굴뚝같다고 한다. 한 나라의 교육정책은 학생들과 학부모는 물론 국민 전체를 위한 정책이어야 한다. 뚜렷한 비전이나 전문지식이 없이 떠드는 탁상공론이나 믿을 만한 자료와 근거도 없이 저질러지는 막판뒤집기가 교육정책에는 통하지 말아야 한다. 대신 장기적인 인력양성 전략과 과학적인 연구 결과가 교육정책 수립의 바탕이 되어야 한다.

새로운 정책은 항상 부작용을 수반한다. 그리고 정책을 실현하는 과정에서 여러 가지 시행착오를 경험하게 된다. 그래서 새 정책이 현장에 뿌리를 내릴 때까지 관련된 모든 사람들 간에 건전한 토의와 협력이 이루어질 수 있도록 시간을 갖고 설득하고 도와야 한다. 이 과정을 참지 못하면 당연히 여러 가지 불협화음이 터지게 된다. 하지만 무엇보다 중요한 것은 새로운 교육정책을 얼마나 신중하게 잘 만들고 그에 따르는 부작용을 최소화 할 수 있느냐가 핵심이다. 이렇게 하려면 전문지식과 연구할 시간, 다양한 채널을 통한 의견 수렴이 필요하다.

새로운 정책을 국민들이 신뢰하지 않고 행동으로 옮기려고 노력하지 않는 이유는 그동안 수 없이 쏟아져 나온 새로운 정책들이 많은 부작용을 일으키며 실패로 끝났기 때문이다. 교육현장에서 우리가 원하는 것은 오랫동안 쓸 수 있는

올바른 비전과 분명한 목적이 있는 교육정책이다. 이런 정책들은 오래 고민하고 연구해서 만들어야 한다.

대통령선거가 있으면 경제정책처럼 교육정책이 남발을 한다. 그리고 새로 공표한 정책들을 억지로 끌고 가느라고 몇 년 동안 교육현장은 정신을 못 차리게 바빠진다. 지난 반세기 동안 새로운 정권이 탄생할 때마다 이전 정권의 교육정책을 비판하고 속성으로 새로운 정책을 만들어 냈다. 군사정권 때는 교육을 정치적으로 이용하기도 했다. 정권이 바뀔 때마다 있었던 교육과정의 개편, 중·고등학교 무시험 평준화, 과외금지 등의 조치는 당연히 학생들과 학부모, 학교 교사들에게 충격을 주기에 충분했고, 이런 정책들이 시도 때도 없이 발표되면서 언제 바뀔지 모르는 교육정책 때문에 국민들은 노심초사할 수밖에 없었다. 대학 입시생을 둔 집안에서는 더욱 좌불안석이 될 수밖에 없었고, 정책을 집행하고 따라야 될 교육 실무자들은 시간이 흐르면서 수시로 바뀌는 교육정책으로 인해 모두 다 면역이 되어 변화도 개혁도 듣지 않는 타성에 물들어 버리게 되었다.

이런 현실이 학부모들로 하여금 기회만 된다면 대한민국의 교육현장을 더욱 탈출하고 싶어지게 만든 것이다. 단기적이고 남발적인 교육정책이 가져다 준 커다란 부작용이다. 교육정책은 학생들과 학부모들은 물론 교사를 비롯한 많은 사람들의 생활에 직접적인 영향을 미칠 뿐 아니라 국가 경제와 사회풍토에도 큰 파급 효과를 가져다주므로 여러 관련된 상황을 신중히 검토한 후 수립되어야 한다.

선거가 치러질 때마다 새로운 교육정책이 만들어지고 그것이 정치이익을 위해 이용되어서는 안 된다. 정치권에서 정말 필요한 것은 교육에 대한 건전한 철학과 비전을 제시하고 그에 적절한 장기적인 정책의 방향을 설정하는 것이다. 우선 눈앞에 직면한 문제를 수습하기 위한 방편으로 제시되는 대안들은 정책이라기보다는 한낱 대책(solution)에 불과한 것이다. 예를 들어 대학수능시험이 한번 어렵게 나와서 학생들과 학부모들이 실망하고 대입 상담에 혼선이 빚어지면 다음해에 쉽게 문제를 출제하는 것은 정책적인 해결이 아니라 임시방편적인 대책이다. 자주 터지는 교육문제를 이유로 교육부장관이 교체되는 것도 문제의 해결보다는 책임전가를 통해서 여론을 무마시키려는 일시적인 대책인 것이다.

교육의 문제를 장기적인 정책을 통해서 근본적으로 해결하려고 노력하지 않고 간단한 임시방편의 대책으로 해결하다 보면 많은 부작용을 낳게 되고 결국 손 댈 수 없을 만큼 문제가 커진다. 학원을 통한 사교육이 학교 중심의 공교육을 밀어내고 한국 교육의 중심 역할을 하게 된 현실도 건전한 교육정책을 통한 장기적인 문제해결보다는 임시방편식의 대책으로 일관해 온 결과이다. 한 예로, 공교육을 살리기 위해 학교교육의 질을 개선할 근본적인 정책을 마련하기보다는 교육방송을 통한 과외교육 프로그램을 제작 방영함으로써 학원교육과 직접 경쟁을 하는, 그래서 학교교육을 더 무력화시키고 있는 것도 정책 부재의 임시 대책에 속한다.

미국의 경우 연방정부에서 수립하는 교육정책은 대부분 국회를 거쳐 입법화 된다. 이렇게 법으로 제정된 교육정책은 대부분 5년 동안은 유효하다. 새로이 수립된 정책을 계획한 대로 집행하고 그 결과를 평가할 수 있는 시간을 충분히 갖기 위해서이다. 충분한 집행과 평가 없이는 그 정책의 성공 정도를 측정할 수 없음은 물론이다. 뿐만 아니라 새로운 정책을 집행하는데 발생할 수 있는 부작용들을 해결하면서 계속 집행할 수 있는 시간을 갖기 위해서이기도 하다. 다시 말해 쥐 한 마리 잡기 위해 장독을 깨는 것과 같이, 사소한 부작용 때문에 큰 정책을 버리는 우를 범하지 않기 위함이다.

또한 정책의 법제화는 교육을 정치적 입김으로부터 보호할 수 있다. 한번 법으로 제정된 정책은 대통령과 장관이 바뀌고 의회의 다수당이 바뀐다고 해도 그 법 안에서 명기한 유효기간이 만료되기 전에 폐기되는 경우는 드물다. 우리나라도 한번 수립된 교육정책은 정치적 영향을 받지 않고 그 성공 여부를 평가하기에 충분할 정도의 시간을 주고 현장에서 실행될 수 있도록 해야 한다. 밥이 뜸이 들 때까지 기다리지 못하고 밥솥을 자꾸 열어보다가 밥솥을 문제 삼아 바꾸어 버리는 우를 범하지 말아야 할 것이다.

교육정책은 과학적이어야 한다

교육정책을 만들 때 다른 선진 국가들의 교육현실과 정책을 살펴보는 것은 중요하다. 하지만 더 중요한 것은 장기적인 비전과 목표를 세우고 주어진 여건과 환경을 체계적으로 분석해야 한다. 물론 충분한 시간과 전문 인력도 필요하다. 대통령이 바뀌고 장관이 바뀔 때마다 체계적인 연구나 평가는 고사하고 전문가들의 주장이나 국민들의 의견조차 제대로 수렴하지 못 한 채 탁상공론에 해당하는 아이디어를 정책으로 둔갑시켜 버리면 실패는 불 보듯 뻔하게 된다.

미국의 부시 행정부가 시작되면서 미국은 소위 '증거에 기초한 (Evidence-Based)' 교육이 교육정책의 기본이 되었다. 2002년 미 의회가 교육부 산하의 연구기관인 교육연구진흥원(Educational Research and Improvement)을 교육과학원(Institute of Education Sciences)으로 개편하는 법안에서

'과학적 방법에 기초한(Scientifically-Based)'이란 단어를 백 번 이상 사용하면서 교육이 과학적 연구결과에 의해서 이루어져야 된다는 것을 강조했다. 따라서 현재 미국에서는 과학적 근거에 의한 교육정책의 기초를 제공해 주고 교육방법을 개발하려는 연구 활동이 활발히 이루어지고 있다.

또 그동안 실시해 온 정책이나 교육 프로그램들이 어떤 효과를 거두고 있는지 평가연구를 진행하고 있다. 연구결과에 의한 교육정책의 수립이나 그 정책의 효과에 대한 평가는 긴 시간을 필요로 한다. 많은 연구나 평가 프로젝트들이 4~5년의 기간을 통해서 이루지고 있는데 이는 4년의 미국 대통령 임기보다 긴 것이다. 미국 교육정책 수립과 교육 프로그램 개발을 위한 과정은 그것들이 얼마나 신중한 연구검토를 거치면서 수립되는지를 말해 줄 뿐만 아니라 교육정책 수립이 정권이나 정책담당자들의 물갈이와 무관하게 길게 지속적으로 개발되고 집행된다는 것을 뜻한다.

우리는 이러한 점들을 배워야 한다. 교육정책이 장기간의 여유를 갖고 과학적 연구와 검토를 거쳐 이루어 질 수 있는 제도적 장치가 마련되어야 전 국민의 호응을 받을 수 있다. 더 나가 교육정책은 복잡한 교육현실과 그와 얽혀 있는 여러 가지 여건 및 상황들을 충분히 고려한 후 수립되고 집행되어야 한다. 추상적이고 이론적인 정책은 성공할 수 없다. 또 교육정책이 행정적 편의를 위한 선택으로 결정되어서도 안 된다. 실제 교육현장의 경험이 부족한 학자나 행정가가 교육정책 책임자가 된 후 마련한 정책들이 교육 개선보다는 혼선과 부작용만 초래하고 끝나는 이유가 여기에서 비롯된다. 미국 교육부가 교육정책 연구자나 집행자를 뽑을 때 학교 교육현장의 실무경험을 최우선으로 요구하는 이유도 바로 여기에 있다.

그리고 교육정책이 만들어지면 일단 구체적인 실행은 교육현장에서 일하는 실무 책임자들에게 맡겨야한다. 정책 입안자가 실행절차와 방법까지 일일이 지시하고 간섭하면 실행자들이 책임지고 노력할 필요가 없어진다. 또한 교육현장마다 갖고 있는 특수한 상황이나 여건이 무시된다. 실무 책임자들의 자발적인 의욕과 각기 다른 환경이 무시되면 정책은 성공하기 어렵다.

미국의 경우 연방정부나 주정부의 교육에 대한 책임은 정책의 목적과 방향 그리고 실행을 위한 재정지원이 전부다. 물론 결과를 평가하고 정책을 수정 보완하는 노력은 계속하지만 구체적인 실행방법이나 절차를 제공하고 이를 또 감독하지는 않는다. 한 예로 미국의 NCLB(No Child Left Behind)의 교육정책은 학생들의 학업성취도, 특히 대도시 빈민층이나 지방의 유색 소수민족 학생들의 학업성취도 향상에 목적을 둔 교육정책이다.

연방정부는 이 목적이 어느 정도 실현되고 있는지 알아보기 위해 주정부에게 학생들의 시험성적이나 자료제출을 요구하고 주정부는 교육구청을 통해서 자료들을 수집한 후 연방정부에 보고한다. 하지만 어떻게 이 정책의 목적을 달성할 것인가에 대한 방법이나 절차는 주정부에 일임하고 또 주정부는 각 교육구청에 일임하고 있다. 학생들의 학업성취 결과도 주정부가 개별적으로 표준화 시험을 만들어 실시한다. 각기 다른 지역적 여건을 충분히 고려하는 것이다.

지방 분권화가 실시되고 있음에도 아직까지 교육정책은 중앙 집중식의 획일적인 측면을 다분히 가지고 있는 우리나라도 지역적인 특성이 고려된 정책이 수립되고 반영될 수 있도록 각 지방에 필요한 권한을 위임해야 한다. 중앙정부가 정책의 구체적인 실행방법과 순서까지 획일적으로 만들고 모두가 이를 똑같이 따라 하게 하면 아무리 훌륭한 정책이라도 최선의 결과를 낳을 수 없다. 교육에 관한 현장이 실험실이고 과학적 연구 결과는 실험실에서 비롯되어야 한다.

교육정책은 평가되고 그 결과는 책임져야 한다

정책 입안자들은 정치적 차원에서 그리고 실무 담당자들은 행정적인 차원에서 정책의 결과에 대한 책임을 지는 제도가 세워져야 한다. 또 정책 결과를 객관적이고 과학적인 방법으로 평가하는 방법과 절차가 마련되어야 한다. 뿐만 아니라 정책을 제도적으로 정착시키고 집행할 수 있는 충분한 시간도 반드시 허락되어야 한다. 교육부장관이 시도 때도 없이 바뀌고 장관이 바뀌면 이미 마련된 교육정책도 어찌 될지 모르는 풍토 속에서는 성공적인 교육정책 수립이나 실행이 어렵다.

이미 언급한 미국의 NCLB(No Child Left Behind) 정책은 모든 학교가 학생들의 학업성취 기준을 달성할 수 있도록 3년간의 시간 여유를 준다. 그리고 학업성취 기준을 달성하는데 필요한 재정적 지원을 제공해 준다. 3년 후에도 그 기준을 달성하지 못하면 학생들에게 개인 교습을 받을 수 있는 기회와 다른 학교로 전학할 수 있는 선택권을 준다. 개인 교습이나 다른 학교로의 통학에 필요한 경비는 정부가 부담한다.

이렇게 해서도 학업성취도의 기준을 달성하지 못하면 교장과 교사에게 책임을 묻고 학교의 운영권을 사설단체에게 넘긴다. 현장의 실무자들이 최선을 다할 수 있는 시간과 기회를 허락하고 제대로 못하면 확실한 책임을 묻는 것이다. 책임을 묻지 않은 환경 속에서 관계 실무자들이 최선을 다해 노력할 것으로 기대해서는 안 된다. 설령 그들이 최선을 다해 노력했다 하더라도 그 결과가 바람직하지 못하다면 책임을 지도록 해야 한다. 능력이 부족하거나 적성에 맞지 않는 사람들에게 계속 책임을 맡기는 것은 실패를 자초하는 일이다.

우리도 성공적인 교육정책의 수립과 그 집행에 대한 강도 높은 책임을 묻는 제도 마련이 시급하다. 새로운 정책이 수립과 동시에 충분히 집행할 수 있는 시간과 자원을 제공해 주고 그 결과를 평가한 다음 평가결과에 적절한 책임과 보상이 주어져야 한다. 그렇기 위해서는 평가결과에 대한 책임 소재를 분명히 분석 파악할 수 있는 평가가 이뤄져야 한다. 충분한 검토와 계획이 없이 만들어진 정책은 그 집행과정에서 아무리 최선을 다한다 하더라도 성공할 수 없다. 그런 정책의 실패를 집행 실무자들에게 책임지게 해서는 절대로 안 된다.

또 아무리 훌륭한 정책이라고 해도 실무자들이 노력하고 협조하지 않으면 성공할 수 없다. 그 정책의 성공과 실패는 책임 소재가 분명해야 한다. 만약 교육정책이 정치적인 목적을 위해서 세워졌다면 정치인들이 국민들로부터 분명히 책임을 묻게 되는 정치풍토도 이루어져야 한다. 위정자들이 교육을 악용하도록 방치해서는 절대 안 된다.

대학교육정책은 국가 경쟁력의 핵심이다

한국의 사교육이 날로 팽창하는 이유가 대학입시 성공을 위한 것임을 이제 전 세계가 안다. 그런데 안타깝게도 우리나라 대학 중 세계에 자신 있게 자랑할 만한 대학은 하나도 없다. 아이러니한 일이다. 우리나라 고등학생들의 수학, 과학 실력이 뛰어나다는 OECD 결과를 보고 미국 대학교수들이 그 원인을 분석하다가 결국 공교육이 아닌 사교육의 힘이었음을 알고 실망했다고 한다. 학생들이 치열하게 입시준비를 했음에도 정작 대학에서 필요한 수학 실력은 절대 미달이고 학원에 찌든 나머지 대학 공부 방법을 몰라 별도 개인 지도를 받아야 하며, 엄마들이 대학생 리포트숙제를 도와주기 위해 돌아다니는 웃지 못 할 상황이 벌어지고 있다. 대학에 들어가서도 취직 공부에 유리하고 학점받기에 쉬운 과목들을 찾아다니다 보니 정작 필요한 중요 과목들은 취소되어 과목도 교수도 사라지기 십상이고, 사회에 나와서는 오히려 재교육을 받아야 하는 빈곤의 악순환도 이어진다.

한국에서 대학교육정책은 교육정책 핵심 중 가장 핵심이 되어야 한다. 모든 길이 대학입시로 통하기 때문이다. 그러나 현재처럼 신입생 선발도 대학이 자의적으로 할 수 없는 상황에서 대학이 교육의 질을 높이기 위해 적극적으로 노력하기는 어렵다. 그저 주어진 학생들만을 끌어안고 끙끙거리는 교육을 계속할 뿐이다. 대학의 특성을 살리는 길도 요원하다. 중·고등학생들 수업을 수준별로 분반해야 한다는 대학교수들 소리에 교육 당국은 귀조차 기울이지 않는다.

대학교육 준비가 제대로 안 된 학생들을 위해 대학 수업의 반 정도를 학생들이 이미 알고 있어야 할 기초 내용을 가르치는데 소비한다면 이는 학생 개인적으로나 국가적으로 큰 손실이다. 그것도 막대한 사교육비를 지출하고 대학입시를 위한 공부까지 다 마친 뒤에 말이다. 이러니 대학의 국제경쟁력이 강해질리 만무이다. 교수만 뛰어나서 대학이 세계적이 되지 않는다. 학생들이 따라와 주어야 한다. 대학들은 철저한 자본주의 시장원리 위에서 우수한 학생들을 선발하도록 선의의 경쟁을 할 수 있어야 한다.

우리나라 국립대학이야 정부에서 재정적 지원을 받으니 당연히 눈치를 보아야 하겠지만 사립대학은 억울하다. 사립대학도 정부의 간섭과 통제 때문에 대학 스스로 특성 있는 교육을 실시하기가 어렵기다. 우리나라도 아예 미국을 비롯한 선진국에서처럼 정부가 대학에 재정지원을 하지 않고 학생 개개인을 상대로 지원을 하는 제도로 바뀌면 좋겠다. 그래야 대학이 재정적 지원을 담보로 하는 정부의 간섭과 통제로부터 벗어 날 수 있다. 또 그래야 대학들도 서로 경쟁을 하게 되고 발전을 위한 노력을 강화하게 될 것이다. 만약 대학에 대한 정부의 재정지원이 학생들의 필요에 따른 개인적 학비 지원으로 바뀐다면 대학은 학생들의 등록비를 크게 올릴 수밖에 없고 교육 소비자인 학부모와 학생들은 대학교육의 가치를 재평가할 수밖에 없게 될 것이다.

미국에서는 많은 회사들이 사내에서 어느 대학 출신들이 교육을 잘 받아 업무 성적이 우수한지 비밀리 자체 자료를 분석하고 그 결과를 신입사원 채용 시 크게 고려한다. 대학 이름보다는 졸업생들의 실력을 중시하는 미국 사회와 기업들이 대학에 무엇을 기대하고 있는지 은연중에 알리고 그런 교육을 위해 힘쓰도록 압력을 가하는 것이다. 특정 출신대학 졸업자들이 사회에서 잘 팔리고 반대로 특정 대학은 취직의 길이 요원하다면 학생들이 어디를 선택하며 그 대학에 입학하기 위해 노력하는 것은 당연한 일이다.

미국의 우수한 대학들이 정원의 몇 배가 넘는 지원자들 중에서도 좀 더 우수한 학생들을 선발하려고 세심한 노력을 하는 이유가 여기에 있다. 미국 대학들은 막대한 재원을 확보하고 있으면서도 더 많은 후원금을 모으려고 끊임없이 노력한다. 학생들에게 다른 대학보다 더 좋은 재정지원을 제공해 줌으로써 보다 우수한 학생들을 유치하기 위함이다. 또 학생들에게 보다 좋은 교육을 시키기 위한 재원을 확보하기 위해서이다. 그래야 사회에서 능력을 인정받을 수 있는 우수 졸업생들을 가급적 많이 배출할 수 있기 때문이다. 일단 대학에 입학한 후에는 졸업도 본인이 알아서, 취업도 본인이 알아서 하는 우리나라 대학의 환경도 이제 확 바뀌어야 한다.

미국의 대학교육이 세계과학기술과 경제발전을 이끄는 두뇌가 된 원천이 바로 경쟁을 통한 자기 발전이다. 반면 유럽 대학들이 오랜 역사를 자랑하고 있음에도 불구하고 이십세기에 접어들면서 학문적 연구와 과학기술 발달의 지도적 역할을 하지 못하고 커다란 고목나무처럼 시들어 가는 이유는 정부의 대학 지원과 관리 때문이다. 유럽 대학들은 경쟁 없는 제도를 오랫동안 유지해 오면서 서서히 그 힘을 잃어 온 것이다. 우리가 이런 시스템을 따라하면 안 된다.

교육은 시작부터 끝까지 책임이 따르는 일이다. 가정에서는 부모가 학교에서는 교사가 대학에서는 교수가 책임을 져야 한다. 또 정부와 사회가 전 교육과정에 대한 책임을 함께 져야 한다. 그러나 정부는 책임 있는 교육을 위한 바탕을 만들어 주고 그에 필요한 지원을 제공해 주는 것이 정부의 책임이지, 교육과정을 통제하고 간섭하는 것이 책임이 아니라는 것을 기억해야 한다. 대학입시정책도 시장원리 위에서 대학 스스로가 결정할 수 있는 자율권이 허락되어야 한다. 그래야 합리적인 대학 간의 경쟁을 통해 대학교육이 더욱 개선되고 발전될 수 있다.

대학은 대학교육의 소비자인 학생들과 학부모들이 능력과 필요에 따라 대학을 선택할 수 있도록 필요한 모든 자료를 공개해야 한다. 교육의 수혜자인 사회와 기업들도 학생들이 어떤 교육을 받는지 알 권리가 있다. 따라서 교수 확보율과 교수들의 자격, 장학금제도, 졸업생 취업률 등 대학교육의 질을 평가할 수 있는 모든 구체적인 자료들의 공개가 의무화되어야 한다. 자유 시장 원리 위에서의 공정하고 공개적인 경쟁은 전체 대학교육 질 향상을 보장해 줄 것이다. 소비자의 선택을 받지 못하는 대학은 문을 닫게 될 것이고 많은 소비자가 원하는 대학은 더욱 발전하고 번성하게 될 것이다. 이것이 우리가 빨리 국가 경쟁력을 확보하는 길이다.

V. 우리가 할 일은 무엇인가

이런 학부모가 되자

언론은 신중하라

공교육을 혁신하자

전인교육에 올인하자

이런 학부모가 되자

민주사회에서 모든 정책 수립은 그 사회 구성원의 이익을 추구하고 그들의 의사를 반영해야 한다. 교육정책은 자녀의 미래를 위해 아낌없이 지원하는 학부모의 뜻과 이익을 절대적으로 반영해야 한다. 교육은 백년대계를 위한 사업이다. 따라서 교육정책은 장기적인 안목으로 수립되어야 하고 한 번 수립된 정책은 장기간 동안 일관성 있게 추진되어야 한다. 우리나라는 지난 반세기 동안 교육풍토와 제도개선을 위해 크고 작은 여러 가지 교육정책들이 시도되었지만 모두 결실을 거두지 못했다. 아이들의 미래를 기원하는 학부모들의 진정한 소망을 반영한 장기적인 정책들이 아니라 특정 정치집단이나 단체들의 이익을 위해 단기적인 안목으로 수립된 정책들이었기 때문이다. 그러나 잘못된 교육정책만을 탓할 수만은 없다.

모든 학부모들이 내 아이만은 교사로부터 특별 대우를

받게 해야 하고 모든 수단의 사교육 방법을 동원해서라도 일류대학에 보내야 한다는 목표로 밀어붙이는 한 그 어떤 훌륭한 교육정책도 성공을 거두기는 어렵다. 옆집 아이는 엄마가 담임선생님을 만나고 온 뒤에 교실에서 특별대우를 받는데 어떻게 내 아이는 그대로 놔둘 수 있겠느냐는 엄마의 하소연은 충분히 이해가 된다. 학교도 부모도 모두가 질타받고 손가락질받아야 마땅하다. 그러나 우리는 이런 잘못된 교육풍토의 개선을 위한 노력커녕 이를 당연한 것으로 받아들이고 그 속에서 다른 사람들에게 뒤질세라 경쟁을 해오지 않았는가. 현재 우리나라 학교에서 촌지가 없어졌다고 100% 확신할 수 있는 사람이 과연 있을까? 촌지나 선물을 받은 선생님이 아이에게 전혀 특별대우를 하지 않는다면 어떤 부모가 선생님을 몰래 만나고 싶겠는가? 우리 모두는 공범이다.

누군가 우리 아이들에게 공짜로 교육 천국을 제공한다고 믿으면 큰 오산이다. 훌륭한 교육은 아이들, 부모, 교사가 힘을 합쳐서 쌓아 가는 탑이다. 탑을 쌓는 일이 쉬울리 없다. 가장 큰 노력은 아이가 해야 하고 부모와 교사는 옆에서 힘을 합쳐서 도와주어야 한다. 그런데 부모나 교사가 먼저 탑을 쌓겠다고 설치면 정작 주인공인 아이는 뒤로 빠지게 된다. 물론 탑이 쌓아지는 장소와 환경에 해당하는 학교와 탑을 쌓는 방향을 결정해 주는 교육정책이 건강해야 한다. 부모들이 교사들과 밀접한 관계를 통해서 좋은 교육환경을 밑에서부터 만들어가야 한다. 다시 말해 교육정책은 교육현실에 바탕을 두어야 한다. 학부모들과 교사들도 위로부터 강요된 정책보다 자신들의 희망과 의사가 반영된 정책을 실행하는데 더욱 노력하고 협력할 것이다.

미국의 경우 교육구에서 교육정책이 쉽게 정착되고 오랫동안 일관성 있게 집행될 수 있는 이유가 여기에 있다. 우리나라도 부모들이 학교교육을 위해서 보다 적극적으로 참여해야 한다. 아이들이 성공적인 미래를 보다 잘 준비할 수 있는 교육을 받을 수 있도록 교육정책과 풍토 개선에 앞장 서야 한다. '내 아이만 손해 보면 어쩌지' 하는 안일한 생각과 교사와 학부모 간의 비밀스런 활동이 내 아이에게 점차 교육지옥을 만들어 온 사실을 반성해야 한다. 교원노조처럼 강력한 이익집단을 만들고 자신들의 이익을 위해 투쟁을 하라는 뜻이 아니라, 아이들을 위한 학교교육의 개선을 위해 도움되는 일을 간단하게 시작하면 된다.

예를 들어 너무 많은 학생들을 한 교실 안에서 가르치는 교사를 위해 부모들이 보조교사가 되어 교사와 아이들을 도울 수 있다. 학교가 그런 부모들을 위해 교실을 개방하도록 부모들이 적극 건의하고 노력해야 한다. 사교육 때문에 온 나라가 끙끙 앓고 있는데, 부모들의 자발적인 노력으로 교실에서 아주 작은 문제라도 해결이 된다면 이는 좋은 씨앗으로 자랄 수 있다.

내 아이가 담임선생님의 특별한 관심을 받도록 봉투에 촌지를 넣어 몰래 선생님에게 전달하지 말고 아이들도 모두 알 수 있게 도서관에 도서를 기증하거나 아이들에게 유익한 물건을 학교에 비치하도록 모금을 하는 것이 훨씬 바람직할 것이다. 모금도 내 아이만을 위해 몇몇 학부모를 중심으로 모을 것이 아니라 학교 전체 학부모들에게 알리어 희망하는 부모들 모두가 자발적으로 참여할 수 있도록 해야 한다. 교육부와 교육청이 나서서 '해라 하지 말라'를 간섭할 일도 아니다. 학교는 우리 모두의 공동 자산이다. 학교 공동체 안에서 내 아이가 자연스러운 혜택을 받도록 하는 것을 모든 학부모들이 배울 수 있도록 해야 한다.

현재의 교육제도와 풍토를 비난만 할 것이 아니라 개선을 위한 적극적인 노력이 필요하다. 한 교실, 한 학교에서 시작된 학부모회이지만 그 목적과 활동 내용이 다른 부모들의 호응을 받을 수 있다면 그 활동 규모를 크게 확대시켜 나갈 수 있을 것이다. 전국 곳곳에서 교육환경 개선을 위한 범국민적인 운동으로도 승화될 수 있을 것이다.

언론은 신중하라

해마다 대학수학능력시험이 가까워 오면 우리나라의 온갖 언론은 국민들과 함께 카운트다운에 들어간다. 새로운 교육부장관이 물망에 오를 때에도, 대학입시정책이 바뀔 때에도, 조기 유학생이 늘어 갈 때도 신문과 뉴스방송은 시도 때도 없이 교육문제 들추기로 난리가 난다. 그럼에도 불구하고 우리의 교육환경은 좋아진 것이 하나도 없다. 갈수록 태산처럼 문제만 쌓여 간다. 해결도 못하는 문제들을 벌집 쑤시듯이 쑤셔서 전국을 떠들썩하게 만들어 놓는다. 물론 언론이 먼저 호들갑을 떨었다고 질책할 일은 아니지만, 교육에 책임이 있는 정부와 학교, 학부모 모두가 교육에 대해 다시 한 번 생각하도록 여유를 주지 않는다. 대학입시만 한번 치르고 나면 다른 입시정책을 만들도록 전국을 뒤집어 놓고 또 새로운 정책을 물고 뜯느라고 한 해가 다 간다. 그 누구도 원치 않는 일이다.

언론은 사실 보도 그 자체만으로 국가 정책 수립과 실행에 큰 영향을 미친다. 전 국민이 매일 접하는 것이 언론이다. 아침에 눈뜨면 뉴스를 보고 신문을 보며, 매일의 사건과 사고, 정치와 경제 이야기로 사람들은 하루의 대화를 이어간다. 따라서 언론은 신중하고 책임 있는 보도를 통해서 건전한 국민 여론 형성을 주도해야 한다. 특히 교육정책같이 긴 시간적 여유가 필요한 정책들은 언론이 아주 신중하게 다뤄야 한다. 교육처럼 많은 생각이 필요한 분야를 짧은 시간에 짧은 판단으로 전 국민을 한 쪽으로 몰아간다면 이 나라에 제대로 된 교육이 발붙일 수 없다.

미국 언론에서 교육정책이나 이슈가 차지하는 비중은 한국의 언론에 비해 아주 약하다. 부시 정부의 NCLB(No Child Left Behind)와 같은 커다란 교육정책을 제외하고는 교육 이슈가 신문이나 방송의 톱뉴스로 보도 되는 경우는 드물다. 그렇다고 미국 사람들의 교육에 관한 관심이 정치, 경제, 사회 이슈보다 결코 뒤져서가 아니다. 미국 언론들이 교육정책과 이슈를 취급하는 기본 태도와 방침이 한국 언론과 다르기 때문이다. 버지나아공대의 총격사건도 미국과 한국의 언론 접근 방식에서 현격한 차이가 있었다. 대단한 특종이라고 범인의 동영상을 공개했던 NBC방송국은 엄청난 질타를 받았다. 언론은 신중해야 한다는 시청자들의 기대에 부응하지 못했기 때문이다.

입법, 사법, 행정부와 함께 국가의 4부로 일컬어지는 언론은 시청자들로부터 맡겨진 역할을 책임 있게 수행하기 위해 노력해야 한다. 국민들에게 공정하고 논리적인 눈과 귀가 되어야 한다. 편파적이고 불충분한 해설이나 논설을 통해 시청자들의 판단을 어렵게 해서는 안 된다. 미국 의회는 새로운 교육정책을 입법화 할 때 정책에 대한 평가를 반드시 포함시킨다. 언론들도 이런 정책평가의 과정을 존중하기 때문에 특정 정책에 대한 평가 결과가 나올 때까지 주관적인 의견이나 편파적인 보도는 자제한다. 특정 정책이 법안으로 채택된 후 그 정책이 효과를 거둘만한 시간을 허락하고 그 정책에 대한 과학적인 평가 결과가 나올 때까지 지켜본다. 물론 정책을 입한 할 때 다방면의 의견을 제시하지만 좀처럼 밥을 설익게 하는 보도를 하지는 않는다.

최근 미국에서는 NCLB(No Child Left Behind) 법안을 놓고 연방정부와 버지니아주의 패어팩스교육구가 대립하는 사태가 벌어졌었다. 이 법안은 초등학교 3학년에서 8학년까지 모든 학생들이 매년 표준화 시험을 치도록 규정하고 있는데, 각 교육구는 그 시험 결과를 주정부에 보고하고 주정부는 그 결과를 집계하여 연방정부에 보고해야 한다. 그런데 패어팩스 교육구는 새로 이민 온 학생들은 영어 능력이 부족하므로 이

표준화 시험에서 제외시켜야 된다고 주장하고 나섰다. 그러나 연방 교육부는 만약 패어팩스교육구가 영어 능력이 부족한 학생들을 시험에서 제외시킨다면 패어팩스교육구에 대한 연방정부의 보조금을 지급하지 않겠다고 압력을 가하였다.

또 미국의 수도인 워싱턴에서는 시 교육구와 행정부가 학교 운영의 책임을 놓고 싸움을 시작했다. 그간 교육구의 책임아래 운영되어 온 학교교육의 질이 우수하지 못하여 학생들의 학업성취도가 향상되지 못했기 때문에 학교 운영을 시 행정부에 넘기라고 행정부가 요구했기 때문이다. 이렇게 중대한 문제를 놓고 연방정부와 지역교육구 간에, 그리고 시 행정부와 교육구 간에 첨예한 대립이 계속되었지만 학교 안의 일상적인 수업활동에는 아무런 영향을 주지 않았다.

한국 같으면 교사나 학생들이 거리로 나와 농성이나 시위를 할만한 중요한 사안인데 그들은 이런 정책적인 문제에 별로 신경을 쓰지 않는다. 미국의 학생과 교사, 그리고 학부모들은 비록 그것이 자신들의 이해에 직결되어 있는 중요한 문제라는 것을 인식하면서도 일반적으로 정책 결정 과정에 직접적으로 간섭하려 들지 않는다. 더욱이 자신들이 원하는 방향으로 정책 결정이 이루어지도록 과격한 시위나 농성 같은 물리적인 힘을 행사하는 경우는 거의 없다.

일단 정책 결정에 대한 책임과 권리를 위임 받은 사람들에게 자신들의 의사를 민주적인 방법을 통해 전달하면 그들의 결정을 존중하고 받아드린다. 이렇게 결정된 정책이 자연스럽게 받아들여지는데 언론은 중요한 역할을 한다.

미국 언론이 교육문제를 사회적 이슈로 부각시켜 국민정서나 감정을 자극하는 경우는 드물다. 교육문제를 다루는 한국 언론이 가만히 들여다보아야 할 부분이다. 언론이 너무 조급하게 특정 교육정책의 효과를 넘겨짚고, 적절하지 않은 문제들을 파헤치고 보도하거나 일시적인 부작용을 마치 최종 결과인 것처럼 보도하면 그 피해는 고스란히 국민 모두의 것으로 돌아간다. 이제는 교육문제를 보는 언론의 눈도 시대의 발전과 함께 성장해야 할 때이다.

공교육을 혁신하자

미국의 수도 워싱턴 근처에 있는 패어팩스 카운티는 한국에서도 잘 알려졌을 만큼 공교육의 우수성으로 유명한 동네이다. 약 110만 명의 주민들이 이곳에 살고 있는데, 16만 5천명의 학생들이 238개의 공립 초·중·고등학교에 다닌다. 공립학교의 전체 교직원 수는 약 2만 2000명이고 2007년의 교육예산은 21억불로 우리 돈으로는 약 2조원에 해당하는 금액이다. 학생 일인당 연간 1만 2000불이 넘는 교육비가 지출되는 셈이다. 패어팩스 카운티는 미국에서는 13번째로 학생 수가 많은 교육구임에도 불구하고 고등학교 졸업생의 93%이상이 대학에 진학한다. 미국 전체 대학입학률인 74%에 비하면 이 동네가 유명한 이유를 알만하다. 대학수능시험 SAT 평균점수도 전국 평균보다 10%이상 높다. 백인이 50% 밖에 되지 않고 나머지가 다양한 인종들로 구성된 동네치고는 대단한 교육열이라 할 수 있다. 그러면 '무엇이 패어팩스 카운티를 미국에서도 가장 우수한 공교육 모델의 하나로 만들었는가' 한 번 생각해 볼 필요가 있다.

우선 이 동네 주민들의 경제적 능력이 대단하다. 미국에서 높은 세금을 낼 수 있는 교육구 주민들의 경제적 능력은 학교교육의 질과 바로 직결된다. 이 동네 주민들의 가구당 연간 수입은 10만불로 미국 평균의 2배에 해당한다. 패어팩스 카운티는 전체 예산의 77.5%가 주민들이 내는 세금으로 충당되고, 17%가 주정부, 그리고 나머지 5%가 연방정부의 지원으로 이루어진다. 교육구 주민들의 경제적 능력이 부족할수록 주정부와 연방정부 보조금의 비율은 높아지지만 교육비 전체 예산은 적을 수밖에 없다. 패어팩스 카운티는 공교육에 다른 교육구에 비해 많은 돈을 쓰고 있다는 의미이고 이것은 아이들이 학교를 통해 얻는 혜택이 많다는 말이 된다.

또한 패어팩스 카운티 주민들은 70% 이상이 대졸 이상이고 그 중 50% 이상이 대학원 졸업자들로 미국에서도 주민들의 교육 수준이 가장 높은 지역 중 하나이다. 한국의 서울시 강남구와 비교할 만한 하다. 그러나 강남의 학부모들과 아이들이 사교육에 열광하고 있다면 패어팩스의 부모들과 아이들은 학교에 매달려 생활한다. 방과 후 프로그램이나 여름방학 특강, 영재반 수업 등 모든 활동이 학교를 중심으로 돌아간다. 간혹 사설 학원에 다니는 학생들이 있지만 거의 대부분이 한국계 학생들이다. 한국 학생들은 패어팩스에서도 학원을 달고 산다. 대학입시가 가까워 올수록 학원 의존 성향은 더욱 짙어지는데 불안 심리를 가지고 있는 기러기 가족일수록 더욱 초조하게 학원에 의존한다.

패어팩스 카운티는 전체 230개가 넘는 학교들을 좀 더 효율적으로 관리 운영하기 위해 전 교육구를 8개의 소구역으로 나누어 각 구역마다 부교육감을 두고 있다. 소구역 부교육감은 교육감을 대신하여 관할 구역 내의 학교장들을 직접 감독 지원하고 구역 내 학교 운영을 책임진다. 8개 소교육구는 다시 8개의 부서를 두고 학교 관리운영과 학생들의 교육을 지원한다. 그 중 '교육서비스(Instructional Services)' 부서는 학생수업과 교사활동을 돕는데 예를 들어 유아교육과 가족 서비스, 초등교육과 도서관 서비스, 중등교육, 고등교육, 직업기술교육, 영어능력이 부족한 학생들을 위한 영어교육, 그리고 성인과 지역사회 교육 프로그램을 운영한다.

'전문훈련 서비스(Professional Training Services)라는 부서는 정기적으로 교사 훈련을 통해서 교육의 질을 향상시킨다. 교사 훈련 프로그램은 교육구 자체 프로그램과 인근 대학이나 전문 훈련기관을 통해서 실시하는 위탁 프로그램이 있다. 새로 임용된 교사들을 위해서 같은 학교 안의 경험 많은 우수한 교사들과 짝을 지어 실무능력의 발달을 돕게 하는 멘토링프로그램도 운영한다.

특히 '학생 서비스(Student Services)'는 패어팩스 카운티의 모든 학생들에게 교과과정 뿐 아니라 학업과 관련된 개인적 서비스를 제공한다. 장래 직업 선택에 도움을 주기 위해 학생들을 적당한 기업체나 정부기관 등과 연결시켜 주고, 대학 입학 준비에 필요한 정보와 도움을 줄 뿐 아니라, 건강 교육 및 서비스, 가정학습을 위한 안내 및 교육, 멘토링 프로그램 소개, 마약 및 안전교육, 장학금 신청, 개인적인 심리 카운셀링, 학교교육 카운셀링, 사회복지 혜택 지원 서비스, 교과목 선택 및 등록, 전학, 여름방학 프로그램 운영 및 관련 정보 제공 등 아주 다양한 서비스를 제공한다. 이런 서비스들이 거의 모두 무료로 학교를 중심으로 이루어지고 있다.

또 각 소교육구는 '평가책임실(Evaluation and Accountability)'을 두고 정기적으로 학생들의 학업성취도를 측정하고 그 결과를 기초로 교사의 업무수행을 평가한다. 학교장의 업무수행과 지역 부교육감의 업무수행 평가에도 해당학교와 해당 소교육구 학생들의 학업성취도가 가장 중요한 기준이 된다. 교사나 교장, 그리고 모든 교직원들에 대한 업무수행 평가에는 반드시 결과에 대한 책임이 수반된다. 우수한 평가 결과는 상여금이나 진급 등으로 보상되지만, 부족한 업무수행의 평가 결과는 필요한 교육연수 수강, 징계, 혹은 해직으로 연결되기도 한다. 학생들의 학업성취도가 일정 기준에 못 미치는 많은 학교들이 미 연방정부의 NCLB(No Child Left Behind)법에 의해 제공되는 자금 지원을 받는다. 그러나 자금 지원을 받고 일정기간이 지나도 학생들의 학업성취도가 기준에 미치지 못할 경우 법에 의해 학교장은 그 결과에 대한 책임을 지고 물러나야 한다. 해당 카운티는 그 학교의 운영권을 포기하고 사설 학교 운영업체에 넘길 수도 있다. 이럴 경우 교장은 물론 많은 교직원의 해고가 뒤따르게 된다.

그래서 주정부에 의해 일제히 실시되는 학업성취도시험 기간이 되면 몰려드는 학생들로 인해 한반의 학생들이 대부분 25명이 넘는데도 불구하고 패어팩스의 학교들과 교사들은 시험 보기 몇 주 전부터 학생들에게 보충수업을 실시하고 모든 학생들이 시험 준비를 철저히 할 수 있도록 노력한다. 한국 같으면 학원들이 학교 시험 준비를 시키느라 바쁘겠지만 패어팩스에서는 학교와 교사들이 바쁘다. 물론 학생들도 매일 숙제와 시험 준비로 바쁜 시간들을 보내지만 한국처럼 밤을 새고 시험 준비를 하거나 온 가족이 동원되어 부산을 떨지는 않는다. 교육 결과에 따라 보상과 문책이 엄격하게 나누어지는 책임제도는 미국 공립학교 교직원들이 학생교육을 위해 최선을 다하도록 하는 열쇄이다.

이런 패어팩스 카운티의 다양한 교육활동은 매년 발표되

는 학년별 표준화 시험과 고등학생들의 SAT 결과, 각종 운동경기 및 여러 가지 특별활동 상황 등을 통하여 학부모들의 평가를 받는다. 표준화 시험과 SAT 결과의 구체적인 내용이 각 학교별로 공개된다. 또 다른 학력경시대회 등의 참가나 결과, 운동경기 결과, 음악회 및 다른 중요한 활동들도 지역신문을 통해 그리고 학교와 교육구의 웹사이트를 통해 자세하게 그 내용이 소개된다. 이렇게 학교에서 이루어지는 모든 활동과 그 결과는 패어팩스교육구가 학교교육 개선을 위한 정책을 수립하고 새로운 교육 프로그램 개발하는데 가장 중요한 자료로 사용된다.

특히 학교교육의 질과 성취 결과에 대한 주민들의 의견은 카운티의회와 교육위원회에 바로 전달되어 교육예산과 교육정책의 방향을 결정하는데 그리고 교육감, 부교육감, 교장을 비롯한 교육책임자들을 임용하는데 중요한 영향을 미친다. 만약 학생들의 학업성취도가 만족스러운 진전을 보이지 못한다면 교육위원회는 4년 임기제 교육감의 재임용을 부결하거나 임기가 끝나기 전에 해임을 결의할 수도 있다. 또 주민들의 의견은 카운티의회가 교육책임자들의 연봉을 포함한 교육 예산을 편성하는데 지대한 영향을 미친다. 결과적으로 패어팩스 카운티 내 모든 학교교육 활동과 결과에 대한 구체적인 공개는 각 급 학교 업무수행에 아주 중요한 의미를 갖는다.

한국은 아직까지 학교에서 실시되는 교육활동의 구체적인 내용과 결과가 자세하게 공개되지 않아 항상 논란의 대상이 되고 있다. 학부모는 물론 세금을 내는 시민들은 학교교육 활동과 그 결과에 대해 모든 것을 알 권리가 있다는 것을 정책결정자들부터 먼저 이해하고 그런 공개의 원칙을 법으로 제도화해야 할 필요가 있다. 그래야 학부모와 시민들에 의한 학교교육에 대한 감시와 평가가 이루어 질 수 있고, 그런 평가와 감시가 교육 정책결정자들과 실무자들의 책임수행을 위한 압력으로 작용할 수 있다.

또 그런 평가와 감시는 새로운 교과과정을 수립하고 교육 예산을 결정하는 과정에서도 영향을 미치게 될 것이다. 대한민국이 경제대국으로 열린 경제체제를 가져가면서도 유독 교육 부문에서는 닫친 정책을 가져가는 것은 시대를 역행하는 것이기도 하다. 이런 닫친 정책은 학교교육의 개선을 어렵게 만들고, 그 결과 기러기 가족의 아픔을 감당하면서까지 어린아이들은 교육의 미명아래 조국을 탈출 시키게 된다.

전인교육에 올인하자

학교교육은 전인교육의 원칙과 철학을 바탕으로 해야 한다. 소위 지덕체로 불리는 전인교육이란 학과목에 대한 지식뿐만 아니라 성품과 인격발달, 튼튼한 체력까지 포함하는 완전한 인간을 만드는 교육을 의미한다. 음악과 미술 같은 예능교육도 단지 상을 받고 대학입학에 도움을 얻기 위해서보다는 성인이 되어 건전하고 행복한 가정과 사회생활을 이룩하는데 필요한 정서적 발달을 위해서 더욱 필요한 것이다. 학교에서만 진행되는 수업활동으로는 조화로운 신체의 발달과 팀워크를 통해서 얻을 수 있는 협동정신이나 책임감 같은 다양한 전인능력이 모두 길러질 수는 없다. 또한 남을 배려하는 태도와 약자를 보호하는 인성, 더불어 살아가는 능력이 학교에서 머무르는 시간 동안 모두 자동으로 길러질 수는 없다. 가정에서 사회에서 어린 학생들이 잘 보고 배울 수 있도록 애써야 하는 부분이다.

학교에서도 협동학습이나 공동 프로젝트같이 학생들의 사회성과 책임감 발달에 도움이 될 수 있는 교육방법들이 활용되어야 한다. 다양한 활동을 통해 학생 스스로가 뭔가를 성취하고 시행착오를 거치면서 깨닫고 배운 교훈들은 긴 인생을 살아가는데 두고두고 좋은 교훈이 될 수 있다. 대학입시를 위해 뜯어 맞추기 활동을 펼쳐서 겨우 원하는 대학에 들어갈 경우 그 학생은 긴 인생을 뜯어 맞추기식으로 살아갈 확률이 높다. 또 직장과 사회에서도 전인적인 인격과 능력을 갖추지 못한 절름발이 멤버가 될 가능성이 높다.

미국의 명문 사립 고등학교나 대학교들이 신입생들을 뽑을 때 공부만 잘 해서 점수만 높은 학생보다는 다양한 능력과 경험을 소유한 학생들을 선호하는 이유가 여기에 있다. 그들은 전인교육을 잘 받은 인력을 원한다. 왜냐하면 결국 직장과 사회에서 성공하는 인력들은 전인교육을 잘 받은 사람들이기 때문이다. 또 그런 사람들은 재학 중 다른 학생들의 캠퍼스생활을 도와주고 졸업 후에도 출신학교를 빛내 줄 우수한 인재가 될 가능성이다.

인간의 성장단계 중 가장 중요한 시기인 10대를 학교와 학원을 전전하면서 외우기, 시험 요령 읽히기에만 익숙해지는 우리나라 학생들이 어느 날 갑자기 글로벌 경쟁에서 다른 나라 학생들과 섞여서 문제해결력, 창의력, 협동능력, 리더쉽에서 뛰어난 능력을 발휘하기란 기대할 수 없는 일이다. 10대에 전혀 기르지 못한 능력을 어느 날 갑자기 대학에서 직장에서 배울 수는 없는 일이다. 미국으로 조기 유학 온 한국 학생들이 가장 먼저 다른 동료 한국 학생들을 찾고 그들과 함께 모이는 일이나, 대학에 입학 한 후에도 다양한 경험을 위해 다양한 나라에서 온 학생들과 섞이기 보다는 한국 학생들끼리 똘똘 뭉쳐서 시험의 족보를 돌리고 점수에 혈안이 되는 모습은 한국 교육이 그들에게 전인교육의 가치를 심어 주지 못한 결과이다. 학교는 전인교육을 가정교육으로 돌리고, 가정은 오직 명문대학입학에만 눈이 멀어 아이들을 글로벌 경쟁에서 사각지대로 몰릴 수밖에 없는 절름발이 지식인을 만들고 있다.

SAT시험에서, 미국 간호사자격시험에서, 그리고 미국의 영재과학고등학교와 명문 경영대학원에서 우리나라 학생들이 인격의 기본 요소인 정직성을 의심받아 시험이 취소되고 퇴학을 당하는 낯 뜨거운 일들이 비일비재하게 발생하는 것도 인격보다는 시험점수를 강조하는 부모들의 비뚤어진 교육관과 잘못된 교육풍토의 결과이다. 미국 유학생 수 1위를 선점하며 뛰어난 지능과 놀랄만한 시험성적에도 불구하고 한국 유학생 출신들의 대부분이 국제 직업시장에서 취업의 장벽을 뛰어넘지 못하고 대다수가 다시 한국으로 돌아가야 하는 이유도 자세히 보면 전인교육의 결여가 가져다 준 부작용이다. 우리가 아직 선진 교육에 근접하기 어려운 부분이 바로 전인교육의 부실이다.

전인교육을 중요시하는 미국의 학교교육과, 실력과 인격을 고루 갖춘 학생들을 원하는 미국 대학들의 입학정책은 가정과 직장을 비롯한 미국 사회를 살아가는 대부분 사람들의 생각과 행동 그리고 생활 속에 녹아 들어가 있다. 미국 사람들과 함께 오랫동안 일하고 생활하면서 느끼는 것은 그들의 실용적인 사고방식, 강한 인내심, 준법정신, 정직성, 지역사회를 위한 봉사활동, 책임감, 질투심 없는 협력, 창의력 등 전인교육의 결과라는 것이다. 다시 말하면 전인교육이 가져다 준 이런 미국 사람들의 사고방식과 생활태도가 수없이 다양한 인종과 문화적 배경이 다른 사람들이 섞여 살고 있는 복잡한 미국 사회를 건전하게 버텨주는 근간이 되고 수퍼파워로서 미국의 위치를 지켜 나갈 수 있게 해 주는 정신적 원동력이 되고 있는 것이다.

대한민국의 역사를 돌이켜 볼 때 우리의 교육철학도 분명히 전인교육에 있었다. 우리의 조상들은 글을 익히면서도 풍류를 알아야 했고 나라가 위태로우면 먼저 나가서 지켜야 했으며 배가 고파도 참을 줄 알며 다른 사람들을 위해 양보할 줄 알았다. 그런데 안타깝게도 일제 식민지와 한국전쟁 등

격동의 시대를 거치면서 정작 중요한 인간의 근본 가치가 무시되어 온 것이다.

21세기를 생각하고 우리의 꿈나무들이 활동할 국제무대를 생각하면 지금부터라도 가정과 학교가, 그리고 사회와 국가 전체가 어린 학생들의 전인교육에 박차를 가해야 한다. 그래서 그들에게 중요한 가치를 심어 주고 바람직한 인격을 키워 주도록 애써야 한다. 세계적으로 높아진 자살률, 이혼율, 악명 높은 대학입시, 청년실업률, 사교육천국과 공교육황폐화 등 생각하기 조차 싫은 현실에서 벗어나기 위해서는 지금이라도 교육의 근본적인 의미와 가치들을 다시 생각하고 전인교육의 기본으로 돌아가야 한다. 주춧돌을 잘 세운 집은 쓰러지지 않고 근본 가치가 살아 있는 교육은 절대 실패하지 않는다. 우리는 지금 교육 선진국의 갈림길에 서 있다. 지옥 같은 대학입시 중심 교육에서 전인교육으로의 전환이 우리 아이들에게 숨통을 틔워주는 길이며 교육선진국으로 가는 가장 빠른 지름길이다.

에필로그

이 책을 쓰는 동안 저자들은 미국의 패어팩스 카운티에 있었다. 한국의 강남학군처럼 미국에서도 유명한 학군이다. 엄마들의 입김도 무척이나 센 곳이다. 유명세처럼 한국 이민 가정과 조기 유학 학생들이 패어팩스의 어느 학교를 가던지 수두룩하게 많다. 한국 학원도 몇 십 개가 되는지 모른다. 전 과목 과외 및 개인교수 등 한국에 있는 사교육은 종류별로 죄다 있는 곳이다. 우리는 이곳에서 한국 교육과 미국 교육의 짬뽕 맛을 볼 수 있었다.

한국 학교에서 외우기식에 숙달된 아이들이 미국 학교에 와서 남의 눈치 안보기 식 교육에 맛 들여 옆으로 한없이 새는 아이들과 한국인의 저력을 발휘해 미국 아이들을 제치고 앞으로 힘차게 전진하는 아이들도 보았다. 이름난 미국 대학에서 착실히 공부한 다음 한국인이라는 한계점에 봉착해 한인 상대 비즈니스로 방향을 확 틀어버리는 젊은이들도 보았고, 미국 사회에 악착같이 파고들어 중요한 자리를 떡하니 차지한 부러움의 대상도 보았다. 이들을 보고 이야기를 나누어 보면서 한 가지 머릿속에서 떠나지 않는 생각은 '한국 교육도 미국 교육처럼 선택의 폭이 넓었으면 참 좋겠다.'는 결론이었다. 학교를 떠나도 언제든 다시 돌아올 수 있고, 이 학교가 싫으면 저 학교에 갈 수 있는 권한이 있고, 능력이 넘치면 다른 과목을 수강할 수 있으며 모자라면 언제든지 학교에 손을 뻗쳐 도움을 받을 수 있는 교육 환경이 솔직히 부러웠다. 학교수업을 못 따라 가거나 넘치면 당연히 학원으로 맴돌아야 하고, 지금의 학교가 싫어도 할 수 없이 졸업할 때까지 참아야 하고, 학교에 불만이 있어도 내 아이에게 해가 될까 말 못하고 끙끙거리는 우리네 환경이 정말 안타까웠다. 마음에 안 드는 것이 한두 가지가 아니다. 그럼에도 대견스럽게 우리 아이들이 입시와 잘 싸워가며 성실하게 대학에 들어가고 이 나라의 일군이 되어 주고 있다. 해외 유학파들이 아무리 많아도 아직 대부분의 학생들은 대한민국에서 학교를 마치고 취업을 하여 이 나라의 일꾼이 된다. 우리가 늙으면 이 아이들이 사회적으로 우리를 책임져야 한다. 책을 다 쓰고 나서 어른인 우리들의 책임감이 더욱 절실해졌고 미안한 마음이 가득했다.

8세에 시작해서 대학을 마치는 24세까지 인생의 황금기를 학교에서 보내는 우리 아이들에게 학교는 아름다운 추억의 대상이어야 한다. 그리고 인생을 걸고 투자해야 하는 버팀목의 대상이어야 한다. 교육이 불안해서 더 많은 사람들이 이 나라를 떠나기 전에, 전 세계 어느 나라 어느 학교 교육이 성공하고 있는지 신경을 바짝 곤두세우고 살펴보아야 한다. 그게 미국이건 일본이건 동남아이건 무슨 상관이 있겠는가. 이제는 교육에 훈수만 들지 말고 뛰어 돌아다녀서 무엇인가 보탬이 되는 알맹이를 가져와야 한다. 무엇을 어떻게 해서 성공했는지 빨리 현장을 배운 다음 잘 써보아야 한다. 그래서 테이블에서만 교육을 정치적으로 이용하는 삼류 정치인들과 교육으로 장사해서 한밑천 잡으려고 혈안이 된 사람들이 완벽하게 무시당하는 문화가 되었으면 좋겠다. 한꺼번에 완벽한 교육 환경을 만들겠다고 허풍떠는 사람들이 새빨간 거짓말쟁이라는 것을 모두가 빨리 알아차렸으면 좋겠다. 그리고 진정으로 교육을 위하는 사람들의 목소리가 커지도록 길을 터주었으면 좋겠다. 학생들의 꿈과 학부모들의 희망이 대한민국 학교 안에서 싹트고 키워져야 한다.

이 책을 마치면서 우리 모두가 새로운 교육정책에 대해서는 날카롭게 따져 묻고 그 실행에 대해서는 관대하게 기다려주는 차갑고 멋진 인내심을 우리 아이들에게 하루 빨리 보여줄 수 있기를 기대해 본다.

지은이

박옥춘

1979년 미국 미네소타주립대학에서 교수심리 및 방법론으로 박사 학위를 받고 뉴욕주립대학교 조교수와 미국 국방성 육군행동과학연구소의 선임연구원으로 일했다. 1998년부터 미국 연방 교육부의 교육과학원에서 교육연구 및 평가팀장으로 일하고 있다. 저서 <세계적인 교육학자 박옥춘 박사의 미래형자녀교육법, 2006.>

조은순

1992년 미국 코네티컷주립대학에서 교육공학으로 박사 학위를 받고 미국 Aetna기업연수원 연구원과 한국 포스코경영연구소에서 기업교육 컨설팅 팀장으로 일했다. 1999년부터 목원대학교에서 예비교사들과 현장교사들에게 교육공학 분야를 가르치고 있다. 저서 <원격교육활용론, 2005. 교육과 정보화, 2006>